启真馆 出品

启真讲堂

当代政治哲学十论

—— 应奇 著

浙江大学出版社
ZHEJIANG UNIVERSITY PRESS

目　录

一　启蒙谋划的失败与市民社会的超越

——麦金太尔道德社群主义述要

　　社群主义（Communitarianism）不仅是一种政治哲学或政治理论，而且广泛地表现在伦理学、法学（如罗伯特·昂格尔 [Robert Unger]）乃至经济学（如大卫·米勒 [David Miller]）等各种不同的人文、社会科学领域。正因如此，有的研究者把社群主义所复兴的这种研究传统称作"社会伦理学"或"政治伦理学"。人们一般都把麦金太尔称作伦理学家，这当然有充分的理由。《伦理学简史》（*A Short History of Ethics*，1966）的历史主义风格在 19 世纪也许并不令人惊奇，但在 20 世纪却不啻空谷足音，此著为麦金太尔赢得了声誉，并奠定了他在伦理学领域的地位。《德性之后》（*After Virtue*，1981/1983）也许可以被比较恰当地归属为伦理学著作，但《第一原理、终极目的和当代哲学问题》（*First Principles*，*Final Ends and Contemporary Philosophical Issues*，1990）的论题就要宽泛得多，更不用说他还曾对马克思主义和基督教发表了精湛的见解。也许我们可以说，麦金太尔的志业在于以伦理学为重心和出发点，对启蒙运动所代表的现代性谋划进行全面的批判，并倡导和弘扬亚里士多德主义的实践理性传统，超越市民社会以对治当代社会的道德困境。

一

如果以对启蒙主义叙事（narratives）的态度来界分当代社会政治哲学，那么，如哈贝马斯所承认的，[1] 罗尔斯的学说和批判理论之争只是家族内部之争，而社群主义则与后现代主义（post-modernism）即哈贝马斯抨击的所谓"青年保守主义"（young conservatism）有着强烈的亲和性。"后现代主义"名称中"后"（post）的一个重要意涵即是"超越"（beyond），后现代主义要超越的现代主义其实是指启蒙运动以来的理性主义传统。而麦金太尔的《德性之后》一书则用历史叙事（historical narratives）的方式描述了启蒙主义的理性主义价值观的起源和嬗变，并揭示了启蒙运动的道德合理性论证的失败。但是，麦金太尔并不赞成弥漫于后现代主义思潮中的相对主义精神，他对启蒙谋划的失败的论证恰恰是从批判充斥在当代道德境遇中的相对主义着手的。

有意思的是，罗尔斯的《正义论》的一个重要的理论贡献是突破了自摩尔（G. E. Moore）的直觉主义（intutionism）到史蒂文森（C. L. Stevenson）的情感主义（emotivism）一直支配了英美伦理学界的分析哲学的元伦理学（Meta-ethics）的樊篱（尽管有人把罗尔斯与蒯因［W. V. Quine］和克里普克［S. Kripke］誉为当代美

---

[1] J. Habermas, Reconciliation through the Public Use of Reason: Remarks on John Rawls's Political Liberalism, *The Journal of Philosophy*, Vol. XCLL, No. 3, 1995.

国分析哲学三大家），转向所谓规范伦理学（normative-ethics）的探究，而麦金太尔倡导"德性伦理"则是要纠"规范伦理"之偏，但麦金太尔对当代道德困境中的"无公度性"（incommensurability）的批判仍然是从对情感主义的抨击开始的。

在麦金太尔看来，当代西方道德文化的基本特征是由情感主义所代表的。情感主义的基本观点是，道德言辞和道德判断的运用都只是个人情感和好恶的表达，价值或道德判断不像事实判断有真伪之别，道德的一致并无理性的保证，而只是靠对那些和我们不一致的人的情感产生某种效果来保证。例如史蒂文森主张，命题"这是好的"仅大致表示"我赞成这个，并这样做"。情感主义实际上对道德哲学的全部历史下了一个判语：一切为一种客观的道德提供理性证明的企图都不能成功。在麦金太尔看来，以为能在合理性基础上逃避情感主义的海尔（R. M. Hare）、罗尔斯、基沃尔思（A. Gewirth）均属此列，尼采（F. Nietzsche）、韦伯（M. Weber）和萨特（J. P. Sartre）概莫能外。

麦金太尔认为，当代的道德纷争和冲突有三个显著特征[1]：一是对立论据中的概念的不可比性、无公度性，在对立的前提之间无法进行评估和衡量，因而带有很大的私人性和任意性；二是这些论争没有一个不是旨在作出一种非个人的合理论证，但实际上，当代道德分歧中相互冲突的每个意志都是由它自己的某些武断选择所决定的；三是在这些争论中相匹敌的论证，采

---

[1] A. MacIntyre, *After Virtue* (University of Notre Dame Press: 1984), pp. 8-10. 引文据麦金太尔：《德性之后》，中国社会科学出版社，1995年。

用不同概念的不可通约的前提有一种历史起源意义上的广阔多样性。

麦金太尔抓住第三个特征，发挥了他所谓"任何一种道德哲学都要以某种社会学为前提"的著名论断[1]，这就是说，不论什么样的道德哲学主张，如果不搞清楚其体现于社会时的形态，就不可能充分理解它。这也就意味着麦金太尔并不认为，目前的道德混乱和无序状态像情感主义所认为的是某种自古以来就一直存在的情形，而毋宁说是从某种道德统一和有序中演变过来的，因此要搞清道德冲突和论争的实质以对治当代的道德困境，就必须要回溯历史。也正是从这样的基本立场出发，麦金太尔着重揭示了启蒙运动的道德合理性论证的失败及其后果，而恰恰是这一失败应对现代道德理论中的混乱无序状况负责。

从"自我"（self）和作为启蒙主义的出生记的"现代性"（modernity）的关系来看，麦金太尔认为，在前现代的传统社会中人们是通过不同社群的成员身份来辨认自己和他人的，也就是说，自我的认同是依赖于社群的。没有在相互联结的社会关系中的某种独特位置，他就什么也不是，或至少是一个陌生人或被放逐者。而现代的自我，在争取自身领域主权的同时，丧失了由社会身份和把人生视作被安排好的朝向既定目标的观点所提供的那些传统的规定。

19世纪英国的法理学家和法制史学家梅因（H. S. Maine）曾经说过一句名言："所有进步社会的运动，到此处为止，是一个

---

[1] A. MacIntyre, *After Virtue* (University of Notre Dame Press: 1984), p. 23.

从身份到契约的运动。"[1] 但在麦金太尔看来，摆脱了身份、等级和出身等封建传统对个人制约的现代自我的出现并不是什么历史的进步。人们在庆贺自己获得了挣脱封建等级身份制约的历史性胜利的同时，并不知道自己已经丧失了什么，这种丧失就是，人类传统德性的根基丧失了。自我可以扮演任何角色，采纳任何观点，进行任何选择，但自我本身却什么也不是，自我就像罗素（B. Russell）评论亚里士多德的实体时所挖苦的那样，"是纯粹想象中的一个钩子罢了"[2]。

这种堪称不毛之地的"自我"，使得启蒙运动的道德哲学家们取消了道德戒律和人性的任何联系，并使得他们走向这样一种愈来愈无限制的主张：没有任何有效论证能从纯粹事实性的前提中得出任何道德的或评价性的结论。麦金太尔正是通过对"是"和"应当"或"事实"（fact）和"价值"（value）的两分法这一由休谟奠基的现代道德哲学原则进行釜底抽薪式的批判，从而使他对"启蒙谋划的失败"的论证达到了相当的理论高度。

麦金太尔认为，声称任何道德结论都不可能有根据地从作为"逻辑上真实"的一组事实前提中得出，这种不受任何限定的、可作为所有事物依据的普遍性逻辑原则实际上是假的。麦金太尔承认，这种主张中也许确实具有某种实质性的东西，"但这种实质性的东西是从一种关于道德规则和道德判断的特殊概念中产生

---

[1] 梅因：《古代法》，商务印书馆，1959年，第97页。
[2] 罗素：《西方哲学史》上卷，商务印书馆，1963年，第260页。

的——这是一种产生自18世纪的新概念"[1]。这种概念之所以有效，是因为提供这种概念的道德哲学家认为任何道德论证都不包含功能性概念。但麦金太尔认为事实并非如此，"处于古典的亚里士多德传统中的道德论证——不论在其古希腊形式中还是在其中世纪形式中——都至少包含一个功能性概念，即被理解为具有其本质特性和本质目的或功能的'人'这一概念；当且仅当这种古典传统在整体上遭到基本否定时，道德论证的特性才被改变，从而落入某种形式的'是'前提中得不出'应当'结论这一原则的范围之内"[2]。亚里士多德认为，"人"和"好的生活"的关系构成了伦理探讨的起点。"只有在把人视为先于和分离于其全部角色的独立个体时，才可能不再把'人'作为功能性概念。"[3] 而只有当人的目的或功能这一重要概念从道德中消失了的时候，把道德判断视作事实判断才显得不合理了，"这种道德判断不过是古典一神论实践的语言幸存物，这种幸存物已丧失了这种实践提供的背景条件。在当时的背景条件下，道德判断的形式同时是假言的和直言的"[4]。就其表达了什么行为对一个人的目的是恰当的这种判断来说，它们是假言的；就其表述了神的命令的普遍法则的内容来说，它们又是直言的。

　　基于此，麦金太尔把"从'是'无法推出'应当'"这种所谓永恒逻辑真理视作极度缺乏历史意识的象征。"宣告这种看法的最

---

[1] A. MacIntyre, *After Virtue* (University of Notre Dame Press: 1984), p. 57.

[2] Ibid, p. 58.

[3] Ibid, p. 59.

[4] Ibid, p. 60.

初宣言本身就是一个至关重要的历史事件，它既是与古典传统最后决裂的信号，又是 18 世纪哲学家们在继承以往残缺不全的背景条件中论证道德合理性运动彻底失败的信号。"[1]

进一步，麦金太尔论证了这种失败的某些后果。一方面，从等级制（在韦伯那里的变体是科层制或官僚制）中释放出来的道德个体意识也被道德哲学家看作在他的道德自律中是至高无上的；另一方面，继承遗传下来的道德规范不再作为根本神圣的法律，而被剥夺了神学的或目的论的特征，剥夺了作为一种终极神圣法律之表达的更古老的绝对性。因此，必须通过发明新的目的（如功利主义）或找到新的绝对地位（如康德）来验证它们，但在麦金太尔看来，这两种努力在过去失败了，并且目前仍是失败的。

先看功利主义，麦金太尔认为，一旦我们理解了快乐和幸福的多形态、多种类的特征（正如功利主义从边沁［J. Bentham］、密尔［J. S. Mill］到西季威克［H. Sidgwick］的发展所表明的），这两个概念对达到功利主义的目的就毫无用处了。"最大多数人的最大幸福"这一观念不具有任何明确内容，"它实际上是具有多种多样观念形式的用法的伪概念。"[2]而由于西季威克和摩尔所表现出的直觉主义，功利主义就历史地把 18 世纪论证道德合理性的运动与 20 世纪的情感主义的衰落联结在一起了。

对在分析哲学中得到复活的康德主义，麦金太尔选取基沃尔思为批判对象，着重论证了如果拥有某种权利的观念是人类言行

[1] A. MacIntyre, *After Virtue* (University of Notre Dame Press: 1984), p. 59.
[2] Ibid, p. 64.

中能够被理解的观念，那么这一定以存在某种特殊形式的社会机构或实践为必然条件。这就是说，并不存在抽象的权利，"在缺乏任何这类社会形式的情况下宣称自己具有某种权利，就像在一种没有货币机构的社会中签发支票付账一样可笑"[1]。

麦金太尔认为，权利概念是作为自律道德行为者这一社会发明的一部分，而功利概念则是为了完全不同的目的而产生的，但创制这两个概念的情境是相同的，都要求以某种人为的东西替代陈旧的传统道德概念。"官僚政治个人主义文化导致了根据权利提出自己主张的个人主义与按照功利提出要求的官僚政治组织之间特有的公开政治论争。"[2]麦金太尔的论证表明，19世纪中晚期的功利主义和20世纪中晚期的分析道德哲学，把启蒙运动从无法为自律道德行为者的道德信奉提供一个世俗的、合理的、可证明的困境挽救出来的企图，都是不成功的。

那么，出路何在？麦金太尔的答案是回到亚里士多德的德性学说和实践理性传统，而其第一步则是回溯西方德性传统的历史。

二

麦金太尔把由启蒙谋划的失败所导致的当代社会面临的道德困境提到了哈姆雷特问题（to be or not to be）的高度，即我们是要尼采，还是要亚里士多德？"恰恰由于在从15世纪到17世纪的

---

[1] A. MacIntyre, *After Virtue* (University of Notre Dame Press: 1984), p. 67.

[2] Ibid, p. 71.

过渡时期里，以亚里士多德的思想为理智核心的道德传统被抛弃了，启蒙时代为道德发现新的合理的世俗基础的运动才不得不着手进行；恰恰因为这种运动失败了，恰恰因为被最有才智和力量的倡导者们（其中最具代表性的是康德）发展的论点，在理性的非难面前不能维持下去，所以尼采和其他的存在主义者、情感主义者等等后继者，才能够不断成功和不断增长地批判他们之前的所有道德。"[1]麦金太尔的言外之意是，在追随启蒙运动的各种不同思想的抱负及其崩溃瓦解之后，直到仅剩下尼采式的诊断意见和尼采式的疑难与坚决认为启蒙时代的运动不仅是错误的，而且可以说一开始就不应该有之外，没有第三种选择。休谟、康德和密尔没有提供任何一种可能性选择，而以罗尔斯为代表学说在分析理性的基础上恢复或重构康德理性主义规范伦理学的企图不过是启蒙谋划之失败尝试的最后一次重现。

在麦金太尔看来，罗尔斯的学说将人的正当的生活和好的生活人为地分割开来，使之成为两个不可通约的领域。"规则成了道德生活的基本概念。"[2]而"德性则是与受到某种高级欲望支配的某些倾向和爱好联系在一起的感情"[3]。"所谓基本德性是指按照关于正当的基本原则行动的强烈而通常有效的欲望。"[4]但麦金太尔认为，无论一种道德规则多么完备，如果人们不具备良好的德性或品格，就不可能对人的行为发生作用。这就是说，规范伦理不仅

---

[1] A. MacIntyre, *After Virtue* (University of Notre Dame Press: 1984), p. 117.

[2] J. Rawls, *A Theory of Justice* (Harvard University Press: 1971), p. 192.

[3] Ibid, p. 436.

[4] Ibid, p. 152.

要有合理性的理论基础，还必须有主体人格的德性基础。在评论亚里士多德关于德性与法则的论述时，麦金太尔写道，"德性与法则还有另一种非常关键的联系，因为只有那些具有正义德性的人才有可能知道怎样运用法则" [1]。

因此，假如为了理解规则的作用和权威性，我们首先需要注意德性，那么，我们就必须以完全不同于休谟、狄德罗（Denis Diderot）、康德和密尔等人所用的方式作为研究的新起点，这就必须重写一部德性概念的简史。重构德性学说的历史的工作在麦金太尔的学术事业中占有举足轻重的地位。

大致说来，麦金太尔将德性学说分为三个阶段，用他的话来说，即是从"复数的德性"（virtues 或译各类德性）到"德性"（virtue）和"德性之后"（after virtue）。

关于第一阶段，即从古希腊罗马到中世纪，是所谓"复数的德性"时期，这一时期以亚里士多德为代表。麦金太尔对这种"复数的德性"的解释分三个层次进行 [2]：一是涉及作为达到内在于实践的善必需的性质的德性；二是把它们考虑为有助于（服务于）一种总体的、统一的人性的性质；三是把它们联系于一种人类理想的追求。这就是说，这一时期的德性是复数的、多种多样的，如古希腊的四主德——智、节、勇、义，神学的德性如谦卑、希望、热爱等，它们都服务于一个自身之外的目标；如作为荷马史诗中所见的英雄时代的德性目标即是某一种社会角色，这

[1] A. MacIntyre, *After Virtue* (University of Notre Dame Press: 1984), p. 119.
[2] Ibid, p. 273.

也是德性最原始的意义；或者如在亚里士多德那里作为达到好的生活的手段；或者如《新约》中所体现的服务于超自然的、神的意义上的完善。在这里，麦金太尔所强调的是德性有一个支配性的人生目的，在他看来，没有一个作为统一体的对整个人生目标的支配性观念，我们对某些个人德性的观念就必然是零碎的、片断的。

在第二阶段，出现了一种有关德性的新观念，即所谓"单数的德性"。单数的德性是指德性简约为单纯的道德方面的德性。值得注意的是，这一过程与"道德"概念的窄化过程是互为表里的。[1]

根据麦金太尔的词源学考证，如同古希腊文一样，拉丁文中本来也没有可被我们正确地译作"道德"的词，"Moral"的词源是拉丁文中的"Moralis"，而后者是西塞罗（Marcus Tullius Cicero）用来翻译古希腊词源"êthikos"的，"êthikos"与"Moralis"的意思是"关于品格"的。早期英文中的"道德"一词表示实践性训诫，"在这些早期用法中，'道德的'既不与'谨慎的'或'自利的'相对照，也不与'合法的'或'宗教的'相对照。当时与这一词意义最为接近的词可能仅是'实践的'"[2]。后来，"道德"的意涵越来越窄，从早期作为名词使用发展到亦可作为谓词使用。到16、17世纪，开始具有现代意义。只是到了17世纪晚期，才首次以最严格的意义被使用，即主要表示与性行为有关的事物，

---

[1] 我的阅读范围中，似并未见到麦金太尔把这两者联系在一起讨论，毋宁说，这是笔者自己的一种读解，姑志于此，以备识者教正。

[2] A. MacIntyre, *After Virtue* (University of Notre Dame Press: 1984), p. 38.

"不道德"甚至被人们作为与"性行为放荡"相等同的一个特殊习语。"从 1630 年到 1850 年……'道德'一词成为一个特殊领域的名称，在这一领域中，既非宗教神学或法律方面的，亦非按美学的行为规则被认为一块属于其自身的文化空间。只是到了 17 世纪末和 18 世纪，当道德与宗教神学、法律和美学之间的这种区分已变成一种被人们默认的学说时，对道德进行单独的合理性证明的运动，才不仅被个别思想家关心而且成为整个北欧文化的核心。"[1]

由此反观"单数的德性"，可谓恰好与"单数的道德"相映成趣。在这一时期，德性不再依赖于某种别的目的，不再是为了某种别的"好"而被实践，而是为了自身，有自身的奖赏和自身的动机。这样，道德实际上就向非目的论的、非实质性的方向发展，"单数的"或"窄化的"道德所导致的竟是不再有任何共享的实质性道德观念了，尤其是不再有共享的"好"的观念，这真是一种绝妙的反讽。于是，"单数的德性"的结果竟是德性只意味着服从规范，德性概念对道德哲学家与社会道德都变成边缘的了。这也就是麦金太尔批判的启蒙谋划的实质。

启蒙运动对道德合理性论证的失败使得理性的证明暴露出理性本身的弱点，走向技术性的分析哲学并未使这种情况有所改观，罗尔斯的学说、新康德主义、新社会契约论不过是"天鹅的最后一次歌唱"。这一切导致了一个"德性之后"的时代，一个不再有统一的德性观、价值观的时代的来临。

---

[1] A. MacIntyre, *After Virtue* (University of Notre Dame Press: 1984), p. 39.

一　启蒙谋划的失败与市民社会的超越

值得注意的是，尽管哈贝马斯曾经指责，麦金太尔在《德性之后》中选择了作为当代美国新理性主义伦理学代表的基沃尔思这样的"过于轻松"的论战对手，没有把对道德普遍主义的批判矛头直接指向罗尔斯、德沃金和阿佩尔（Karl Otto Apel）[1]，但事实上，麦金太尔还是在对德性的历史观照的基础上，考察了作为一种政治德性的正义，并批判了罗尔斯和诺齐克这两种理论中并驾齐驱的正义模式。

麦金太尔重述了亚里士多德的观点，即认为正义是政治生活的首要德性，一个对正义概念没有实际一致看法的社群，必将缺乏作为政治社群的必要基础。若没有这种共识，就不仅达不到对道德原则规范的一致认识，不仅会造成对德性的轻视，而且不能规定各种具体德性，使人们无所适从。在麦金太尔看来，当代社会的个人主义文化使得人们不能产生对正义这一社会政治生活中最重要的德性的共识，罗尔斯和诺齐克的争论很好地说明了这一点。

麦金太尔强调，罗尔斯和诺齐克的基本前提和结论是不可通约、互不相容的，人们无法判明是需要优先还是权利优先，这是因为罗尔斯和诺齐克在指责对方用了无法证明的前提的同时，自己也用了同样无法证明的另一种前提。

但是，麦金太尔深刻地发现，罗尔斯和诺齐克都把亚里士多德理论中应得（desert）和赏罚的概念排除了，都认为不能按道德的功过，道德上的应得赏罚和优劣实施分配正义。这是因为他们

---

[1] P. Dews (ed), *Autonomy and Solidarity: Interview with Jürgen Habermas* (New York: 1992), pp. 247–248.

两人都坚持一种个人主义的立场，"他们的阐述中都是个人第一，社会第二，而且对个人利益的认定优先于并独立于人们之间的任何道德的或社会的联结结构"[1]。他们的观点排除了对这样一个社群的任何阐述，在这个社群内，在追求共有利益的过程中，对与社群共同任务的贡献相关的赏罚概念，为有关德性和非正义的判断提供了基础。反过来，"应得赏罚的概念只有在这样一个社群的背景下才适用，即该社群的基本联结物是对人而言的善和社群的利益（good）这两者有一个共同的理解，个人根据这种善和利益来判定自己的根本利益"[2]。从这个角度来看，对罗尔斯和诺齐克的争论无法给出一个最后的裁决，是因为他们都是以对社会的"自由主义的个人主义"（liberal individualism）的理解为前提进行理论思考的。

引人注目的是，从麦金太尔理论的新近发展来看，出现了从道德、文化、哲学等思想层面的辩难转向对思想赖以产生和存在的土壤即社会活动关系的考察这一种可称之为实践的社会本体论的倾向，这尤其表现在他援引马克思主义的理论资源对超越市民社会的思考上。

三

西方福利国家的危机和苏联、东欧的剧变使得在全球范围内

---

[1] A. MacIntyre, *After Virtue* (University of Notre Dame Press: 1984), p. 250.
[2] Ibid, p. 250.

出现了对市民社会的重新吁求，"历史的终结"的欢呼又使人们思考是自由主义的终结还是人类创造历史的想象力的衰竭。人们不禁要问，市民社会真的不可超越吗？

在写于 1843 年并于次年发表的《论犹太人问题》（"On the Jewish Question"）中，马克思引用法国 1793 年《宪法》，认为与公民权相区别的人权，不过是自由、平等、安全和财产的权利，其实质不过是抽象的形式性的私有财产权，确保利己主义的人权。市民社会就是建立在这样的人权之上，作为政治共同体的国家是维护这种人权的手段。能表现市民社会中人类关系的那些中心概念就是功利、契约和权利，而市民社会的道德、政治哲学就在这些概念及其运用上争辩不休。

《论犹太人问题》还提出了对马克思的政治理论至关重要的区分政治革命、政治解放与社会革命、人类解放的思想。"政治革命把市民生活分成几个组成部分，但对这些组成部分本身并没有实行革命和进行批判。"[1] "只有当现实的人同时是抽象的公民，并且作为个人，在自己的经验生活、自己的劳动、自己的个人关系中间，成为类存在物的时候，并且当人认识到自己的'原有力量'并把这种力量组织成为社会力量因而不再把社会力量当作政治力量跟自己分开的时候，只有到那个时候，人类解放才能完成。"[2] 这就是说，只有当个人在市民社会中原子式的独立存在与公民在国

---

[1] 马克思：《论犹太人问题》，载《马克思恩格斯全集》第 1 卷，人民出版社，1956 年，第 442 页。

[2] 同上。

家中的抽象存在之间的裂缝得以弥补时，犹太人，事实上也就是全人类的社会解放才能实现。

显然，在《论犹太人问题》中，马克思已经提出了超越市民社会的要求，而1844年写就的《关于费尔巴哈的提纲》（"The Theses on Feuerbach"，以下简称《提纲》）就是试图依据对社会存在物（社会的人）的解释，超越市民社会的立场，摆脱仅仅局限于探讨市民社会的本性，它与国家、法律和宗教的关系的解释框架并对市民社会的批判者们进行批判。

可以说，麦金太尔对马克思主义的态度似乎有一个曲折的堪称"否定之否定"的变化过程。

在其早年对马克思主义和基督教进行比较研究时，麦金太尔曾经认为，在其他思潮失去对人的生存的全面阐释能力时，马克思主义对人生本质的阐述却有着理想－目的论的色彩。

在《德性之后》中，在回应那些认为我们时代最重要的思想对立是自由个人主义与某种马克思主义和新马克思主义的思想对立的批评者时，麦金太尔似乎作了比较消极的评价。这主要是针对那种主张人类自主性这一观念可以通过马克思主义从它原有的个人主义原则中挽救出来，并且在论证一种可能有的社群形式的背景条件中恢复过来的见解，在这种观点的倡导者看来，如马克思设想的，在这种社群中，异化已被克服，摒弃了虚假意识，实现了平等和博爱的价值。

麦金太尔从两个方面回答了这种批评。首先，"这种对一种道德上鲜明立场的要求又遭到了自身的道德历史的破坏……它总是退回到相对来说某种直接的康德主义或功利主义的形式中去"[1]。至于"自由人联合体"的未来社会构想，麦金太尔认为它并没有告诉我们，自由的个人在什么基础上进入他与其他人的自由联合之中，"抽象的道德原则和功利事实上就是这种主义所诉诸的联合原则，而且他们在实践中正好体现了他们斥之为意识形态的那种道德态度"[2]。其次，虽然马克思主义洋溢着深刻的乐观主义精神，但人在与权力靠拢的时候，总有成为韦伯主义者的倾向；而且，"如果发达的资本主义的道德贫困是人们一致认为的样子，那么未来的资源从何而来？……如果不变成韦伯式社会民主制或者残酷的独裁制，它就会成为尼采式的幻想"[3]，卢卡契的理想无产者和列宁主义理想的革命者就是被创造的"超人"（Ubermensch）。

值得注意的是，1994 年，麦金太尔发表了《〈关于费尔巴哈的提纲〉：一条没有采取的道路》（"The Theses on Feuerbach：A Road not Taken"）一文，重提被恩格斯誉为"包含新世界观天才萌芽的第一个文献"的马克思的《关于费尔巴哈的提纲》，认为马克思在该提纲中提出的实践和社会关系的思想，是克服市民社会的有力武器。

似乎是效仿马克思"批判的武器不能代替武器的批判，物质力量只能用物质力量去摧毁"这一名言的语式，麦金太尔指出，市民社会仅仅借助理论是不能克服的，它只能被一种特殊的实践

---

[1] A. MacIntyre, *After Virtue* (University of Notre Dame Press: 1984), p. 261.

[2] Ibid, p. 261.

[3] Ibid, p. 262.

克服。但是，麦金太尔认为，《提纲》第11条所谓"哲学家们只是用不同的方式解释世界，问题在于改变世界"并没有让哲学家们放弃去解释世界的企图，而是告诉他们，指导他们解释世界的企图后面，还有一个特定的目的的实现。这一目的就是马克思《提纲》第1条所谓"对象性的（gegenständliche）活动"[1]。正是这种对象性的活动，使得从事活动的个体具有了实现某种普遍性的品格。与其他这类个体合作的每个个体的实现都既是目的本身的，又是他自己的目的的实现。这种特征的实践与市民社会的实践生活形成了鲜明的对照。这是由于在由市民社会的规范所主宰的活动中，除了被理解成某一特殊的个体的目标以外，并不存在什么目的。市民社会把共同的善认作从各种各样的个体努力满足其欲望时所追求的"善"中提炼、建立起来的，因此其基础并不牢固。

在麦金太尔看来，马克思所谓实践活动的类型，都是先于和独立于偶然从事这些活动的特殊个人的欲望而得到其规定性的。而且，内在于和专对这一特殊实践类型而言的善，可以通过参与而使活动者起初的欲望发生改变，这就是《提纲》中所谓"环境的改变和人的活动或自我改变的一致"。由此，麦金太尔指责把个体看作与其社会关系截然有别和彼此分离的见解，"不只是一个理论错误，而且是一种错误理论"[2]。麦金太尔认为，要克服在市民社会秩序中由于普遍丧失了对自己和自身社会关系的正确理解而造

[1] 参见 A. MacIntyre, The Theses on Feuerbach: A Road not Taken, in C. C. Gould and R. S. Cohen (eds), *Artifacts, Representations and Social Practice* (Kluwer Academic Publishers: 1994), pp. 277-290。

[2] Ibid.

成的宗教和哲学的幻象，只能选择马克思所说的实践形式。

有意思的是，麦金太尔实际上是用他自己理解的实践概念去解释马克思的实践概念的，"我赋予'实践'的意思是：通过任何一种连贯的、复杂的、有着社会稳定性的人类协作活动方式，在力图达到那些卓越的标准——这些标准既适合于某种特定的活动方式，也对这种活动方式具有部分决定性——的过程中，这种活动方式的内在利益就可以获得，其结果是，与这种活动追求不可分离的，为实现卓越的人的力量，以及人的目的和利益的观念都系统地扩展了。"[1]

总的来说，在麦金太尔看来，只有在历史发展的实践的特定类型和结构中，道德和其他评价标准的客观性的总和才能得以恰当地说明。在这种实践活动中，参与者们的最初旨趣，通过他们的活动就转变成了符合这些实践所要求的"善"标准的利益了，每个参与者的旨趣成为这一客观实践本身的要求，内在于这些实践的善就可以得到实现了。如同在启蒙主义对道德合理性的论证中，德性概念对道德哲学家和社会道德来说都渐渐变成边缘的，上述麦金太尔认为马克思和他理想中的实践类型都是被资本主义典型的自我扩张和自我保护态度与活动排挤的、社会边缘化的实践类型，它们与市民社会的立场格格不入，是一种反对和掘墓力量。"只有在这样的实践中和通过这类实践，市民社会的立场才能被超越。"[2]

---

[1] A. MacIntyre, *After Virtue* (University of Notre Dame Press: 1984), p. 187.

[2] 参见 A. MacIntyre, The Theses on Feuerbach: A Road not Taken, in C. C. Gould and R. S. Cohen (eds), *Artifacts, Representations and Social Practice* (Kluwer Academic Publishers: 1994), pp. 277-290。

　　麦金太尔的道德社群主义的一个基本的理论出发点是对"自由主义的个人主义"的批判。现代自由主义的规范伦理是一种与德性伦理相对应的伦理学类型，麦金太尔作为德性伦理的倡导者，以一种历史主义的方式把现代自由主义的道德论证看作与亚里士多德主义的道德理论传统相对立的，进而批评了前者的非历史反传统的道德。"对我们来说，头等重要的是要记住，建立一种社会秩序形式的谋划（在这种秩序中，通过借助真正普遍的、不依赖传统的规范，个人可以将他们从传统的偶然性和特殊性中解放出来）过去是而且现在还不仅仅是（或主要不是）哲学家的谋划。它过去是，现在依然是现代自由个人主义社会的谋划，而我们相信，不依赖传统的合理性普遍性之希望的最有说服力的理由，则源自对这种谋划历史的一种幻觉。"[1]自由主义的错误恰恰在于运用游离于传统之外的普遍理性把自由主义、个人主义的正义性说成全人类的共同理想和所有社会的统一原则，而把不同传统对好生活的理解的相互冲突或同一传统内部不同解释之间的相互冲突提交给法律系统去裁决，"自由主义的祭司是律师，而不是哲学家"[2]。与之相对，尽管麦金太尔反对道德理论中的情感主义，并在他的传统的理性发展观的基础上，探讨了认识论危机的解决，回应了相对主义的挑战，但麦金太尔关心的并不是某一组见解（a set of opinions）的普遍有效性，而是在它所属的传统中对它的正当性进

---

[1] A. MacIntyre, *Whose Justice?Which Rationality?* (University of Notre Dame Press: 1988), p. 335

[2] Ibid, p. 344

行辩护，并与其他只是暂时地满足其成员的传统相对，辩明这种传统的正当性。[1] 而像自由主义那样仅仅对多元性表示宽容是不能做到这一点的。

麦金太尔的道德社群主义主张的实质内涵是超出现代性范畴，回到亚里士多德的德性伦理传统，在那里，各种德性，包括作为政治德性的正义是与一种人生支配性目标联系在一起的，这一支配性目标能够使得个人的价值和社群的价值融为一体。尽管麦金太尔认为在一个没有城邦的世界里，亚里士多德的德性伦理的基本方面仍然是正确的，但传统与现代如何结合？社群的价值究竟应该如何评价？分配正义是否应引入"应得"的因素？人们的共识应当仅限于政治的正义观，还是应进一步建立统一的价值观？如果说自由主义政治的最后一张王牌是使对美德的供给漠不关心的一种国家组织方式，从而使得政治自由主义充其量只是一种依赖的美德（dependent virtue），那么要使社群主义对自由主义的批判取得积极的建设性的成果，需要做的正是推出能够被普遍接受的、需要复兴的、正确的公民美德的具体内容。但社群主义目前仍在发展之中，它究竟能否超出从"永劫回归"（eternal return to the same）到"价值虚无"的"区间状态"（in-between situation），我们拭目以待。

---

[1] 对麦金太尔传统观的讨论可参见 Georgia Warnke, *Justice and Interpretation* (Polity Press: 1992), pp. 116-128；卢杰雄：《麦肯泰尔论道德之理性基础》，载《哲学评论》第一辑，社会科学文献出版社，1993 年。

二 迈向法治和商议的共和国

公民共和主义复兴运动无疑属于西方近半个世纪以来最为引人注目的学术现象之一。从当代政治哲学的视角看，通过介入20世纪80年代以来在北美和欧洲思想界喧腾一时的自由主义与社群主义之争，自由主义与共和主义之间已经在现代政治场域中湮没不彰的基本论辩不但重趋活跃，而且成为我们把握西方政治传统的自我理解和政治哲学发展方向的最重要途径之一。从政治思想史、美国宪法学以及自由主义、社群主义和共和主义的三方论战入手，有助于我们了解共和主义政治哲学的理论谱系，并从自由概念和民主模式两个层次揭示当代共和主义在理论建构和制度构建上的贡献与局限。

一

当代共和主义试图在权利自由主义已经"别子为宗"的背景下挑战以辉格党人的史学偏见为基础的传统政治思想史图式，复兴公民共和主义的政治传统。于是，按照自身的诉求重构政治思想史，并发展出可与自由主义相抗衡或兼容的政治哲学就成为当代共和主义者的重要工作场域。在前一领域，最重要的贡献是由共和主义政治史学的两座重镇波考克（John Pocock）和斯金纳（Quentin Skinner）作出的。概略而言，波考克的工作集中在以下两个方面：一是相对于自由主义的自我理解，强调公民人文主义的两个维度，即以德性为中心的共和主义模式和作为自由主义现代性之前身的"以法律为中心的范式"，即使在政治现代性的重大转折之后，仍然是并行地得到发展的，尽管自由主义在这种斗争中似乎明显占据了上风，但共和主义模式并没有随着所谓自由主义现代性的崛起一去不返地退出人们的政治想象，而是作为自由主义的对手和对话者继续活跃在政治理论的舞台上；二是以"风俗"作为整合公民人文主义和商业人文主义的媒介，从而以德性、权利和风俗的三重奏，提供了一幅迥异于自由主义范式和以古典共和主义面貌出现的前自由主义范式的崭新的政治思想史画面。[1]

值得注意的是，尽管波考克援引了伯林（Isaiah Berlin）的术语分析公民人文主义内含的两种自由观念，但他并未把历史用作规范批判的手段，而只是满足于探讨并置自由主义和共和主义的历史编纂学后果。同时，波考克致力于"揭示积极参与和消极自

---

[1] John Pocock, Virtue, Rights, and Manners: A Model for Historians of Political Thought, in *Political Theory*, Vol. 9, No. 3. August, 1981, pp. 353-368.

由主义者的自由理想之间的紧张关系",[1]明确肯定共和主义的自由观是一种以政治参与为核心的积极自由,从而倾向坚持共和主义精神与自由主义无法兼容的观点。

与波考克一以贯之地把共和主义与自由主义对立起来不同,斯金纳的工作可以分为前后两个阶段。第一阶段的工作主要是通过对马基雅维利政治思想的解读,提炼出"工具性共和主义"论题,认为共和主义者所珍视的自由实际上是消极自由或个人自由,以政治参与为核心的积极自由只具有维护和促进个人自由的工具性价值,从而在把消极自由当作首要原则的同时论证了古典共和主义的积极公民观与现代民主的兼容性。

斯金纳第二阶段的工作是对所谓"新罗马共和主义"的阐发,[2]在这一阶段,他把讨论的焦点从两种自由的工具性关系转移到个人自由和政治自由的内涵以及法律在自由国家中所具有的功能上来。但是,斯金纳并未提出有说服力的和首尾一贯的理论建构,这一方面使得"新罗马共和主义"重蹈"工具性共和主义"之覆辙,尤其表现在他把政治哲学或政治理论的目标降格为如何在政治社会中维系自由的问题,而相对忽视了自由体制的创建以及持续变更的问题;另一方面则在法律或民主政制与公民德性或人性的自然倾向的关系问题上陷入进退失据的境地:消极自由的保护诉诸作为相互冲突的个人利益之调节器的工具性法律,而符

---

[1] John Pocock, The Machiavellian Moment Revisited: A Study in History and Ideology, in *Journal of Modern History*, 53, March, 1981.

[2] Quentin Skinner, *Liberty before Liberalism*, Cambridge University Press, 1998.

合德性的公共服务则需要用法律来塑造和改变公民的自利倾向。[1]
我们将会看到，共和主义宪法学及其商议民主模式可以被理解为
走出上述困境的尝试和努力。

二

共和主义在美国宪法学中的复兴是当代共和主义政治哲学的
有机和重要的组成部分。"如果说在 20 世纪 80 年代，（美国）宪
法理论家们集中争论的是所谓（宪法）'原旨'（original intent）问
题，那么，到了 90 年代，'共和主义'似乎成了首选的主题。"[2] 阿
克曼（Bruce Ackerman）、米歇尔曼（Frank Michelman）和森斯坦
（Cass Sunstein）是其中最突出的代表。

阿克曼是第一个把宪法理论建立在共和主义基础上的公法学
家。他质疑美国宪法理论中的自由主义与共和主义二分法，并试
图在对美国宪法的解释中把这两种传统综合在一起，从而提出了
所谓"自由主义的共和主义"。

阿克曼最著名的论题是认为美国宪法体现了一种集两种类型
的政治于一身的"二元民主"。第一种类型的政治就是宪法政治，

---

[1] 对斯金纳的两种不同法律观所包含的矛盾的一个深入的分析，参见萧高彦：
《斯金纳与当代共和主义之典范竞争》，载《东吴政治学报》，2002 年，第 15 卷，
第 33-59 页。

[2] Scott D. Gerber, The Republican Revival in American Constitutional Theory, in
Political Research Quarterly, Vol. 47, No. 4, 1994, pp. 985-997. 以下关于共和主义
宪法学的叙述部分地参照此文。

在这里，公众是作为人民动员起来并作为人民发言的。这是"自由主义的共和主义"中的共和主义成分，因为人民发言的原则关涉他们置身其中的政治社群。第二种类型的政治是所谓常规政治，这是"自由主义的共和主义"中的自由主义成分，因为在这里，是由人民的代表做出政治选择，而人民本身专注于他们自己的个人利益和私人追求。

与阿克曼宪法史学的叙事方案相比，米歇尔曼的共和主义宪法学更富有哲学思辨性。他把共同善观念的发展看作宪法理论的根本目标，而这种发展只有通过把那些传统上被排斥在商议过程之外的人带入这种过程才能实现。因此，米歇尔曼要求"规范修补"的一种包容性和修正性的对话，这种对话模式就是所谓"创生法的政治"。可以看到，尽管米歇尔曼同样怀疑公民整体以富于公共精神的方式参与政治的能力和可行性，他也否认（美国）宪法在国家政治过程中确立了一种共和主义的自治模式，但他仍然认为共同善的理性商议这种共和主义理想是存在于宪法之中的。与阿克曼坚持司法权限内的宪法变更不同，米歇尔曼论证了一种"共和主义公民身份的非国家中心的概念"，政治生活是"公民身份的舞台，其中公民身份不仅包含对国家事务的正式参与，而且是在一般公共和社会生活中的被尊重和自尊的体现"[1]。

在某种意义上说，阿克曼和米歇尔曼都只是"纸上谈兵"，并没有提供落实这些理论的方案。与他们不同，森斯坦不但把"自

---

[1] Frank Michelman, Law's Republic, in *Yale Law Journal*, 97, 1988.

由主义的共和主义"具体化了，而且为这种理论补充了改革的建议。他用"政治商议""政治行动者的平等""共同善的普遍主义""公民身份"这四个原则来刻画"自由主义的共和主义"的内涵。这四个原则是相互联系的，其中最重要的是作为公民德性的政治商议，"这里的核心观念是，政治有一种商议或改造的功能。它的功能是挑选价值，满足'偏好之偏好'，或为偏好形成而不只是满足现有欲望提供机会"[1]。联邦党人和反联邦党人都认为政治是与共同善的促进紧密联系在一起的，而且对具有公民德性的参与者保持开放，但是双方在谁应当是参与者的问题上存在分歧：反联邦党人设想的是公民参与者，联邦党人设想的是代表参与者。按照森斯坦的理解，与利益集团多元主义的解释不同，"麦迪逊式共和主义"赞成通过理性商议实现共同善的共和主义理想，但同时又承认不能期望一般公民超越对他们私人利益的关心。因此，麦迪逊设计了一个可望保证具有公民德性的少数精英成为人民的代表的体制：这就是具有相对较小的立法机关和相对较大的选区的一个扩展共和国。

森斯坦着重讨论了怎样在当代的宪政实践中落实共和主义的问题，他提出的方案包括通过竞选资金改革减少财富在政治上的影响，进一步开放媒体以及公共社会收入的再分配，如此等等。在这里，同样重要的是，虽然森斯坦把利益集团多元主义称作"一种完全没有吸引力的政治观念"，但他并不否认价值和利益多元主义的现实性。就正如个人的价值和利益不能"被当作是前政

---

[1] Cass Sunstein, Beyond the Republican Revival, in *Yale Law Journal*, 97, 1988.

治的和外源的，而是被当作批判审察的对象"一样，共同善也不是预先给定的，而同样是商议的产物。

从以上的阐述和分析可以看出，美国宪法学中的共和主义复兴与其说是要复兴以共同善为旨归的古典共和主义，不如说是要调和自由主义与共和主义。如果说"自由主义的共和主义"对前政治的个人权利、个人利益和私人领域的批判是为了与原子主义版本的自由主义保持距离，那么，它对于共同善之商议的信念则是为了与共和主义和社群主义中的前自由主义倾向划清界限，这就要求我们从政治哲学的基础理论和基本概念的层次上澄清共和主义与自由主义和社群主义的关系。

三

从根本上说，自由主义是一种以权利为基石的政治哲学。相应地，对自由主义权利概念的批判就构成了共和主义政治哲学的一个基础性工作。颇为有趣的是，这种批判似乎也经历了一个立场逐渐软化的过程，并同样以对自由主义与共和主义的调和而告终。

正如前面已经指出过的，波考克把以德性为中心的共和主义模式和以权利为中心的法律模式对立起来，认为它们宗奉不同的价值，运用不同的论辩策略，两者之间是没有连续性的。前者的核心范畴是公民身份、德性、自由和腐败，"它的特征是通过这些范畴的特殊修辞用法描绘政治自由在一个历史变幻的世界中的内在偶然性，以及政治德性在面对公民和制度腐败时的脆弱性"[1]。正因为这种彻头彻尾的政治语言不能被还原成现代自然权利理论的语言，它必定会与后者所表达的对权力的恐惧和对政治事务的预先限定构成紧张关系。

与波考克不同，斯金纳致力于调和以个人权利为内涵的消极自由和以公民德性为依归的政治自由（参与自治）。他一方面认为，把自由当作自然权利和确保其他权利的手段的"公理"是一种"纯粹的教条"，并斥责"这种态度不但是腐败公民的缩影，而且是一种最高程度的不明智"；[2] 另一方面又认为，公共服务的履行和德性的培养不但是与个人自由相容的，而且是确保任何程度个人自由的必要条件。斯金纳还试图通过集中讨论法律在自由国家中具有的功能，建立法律与政治自由之间的紧密关系。但这种法律观具有过于强烈的古典共和主义的精英主义特征，它显得完全是外在地强加于公民的自利本性和腐败倾向之上，并觊觎所谓风行草偃之效。[3] 而斯金纳的调和并未取得成功的根本原因仍然在于，他在把公民德性和政治参与工具化的同时，并没有对

[1] Jeffrey C. Isaac, Republicanism vs. Liberalism? Reconsideration, in *History of Political Thought*, Vol. 9, No. 2, 1988.

[2] Quentin Skinner, On Justice, the Common Good and the Priority of Liberty, in *Dimensions of Radical Democracy: Pluralism, Citizenship, Community*, ed. By Chantal Mouffe, London: Verso, 1992.

[3] 共和主义尚未实现人民主权的或民主的转型，也许可以用来解释古典共和主义法律观的精英主义色彩。当然，即使在这种转型之后，共和主义也并未完全丧失精英色彩，这一方面是指立法、行政和司法总是而且越来越是一种专家的技能，另一方面，无论古今，甚至越是在平民化社会，政治领袖和精英人物的垂范作用就越不应当从消极的方面来评价。

自由主义的权利理论进行真正彻底的反思，或者说，正由于他没有在两者之间建立一种内在的、根源性的联系，才不得不在把后者奉为圭臬的同时把前者工具化（不管是直接的工具化，还是间接的工具化）。例如，他明确地声称，他完全同意罗尔斯的权利观念，而仅限于质疑对这种权利的追求是否必须以社会义务为代价。[1]

与斯金纳相比，共和主义宪法学的代表人物们对于包括自由主义在内的权利理论有着更为全面系统的认识。他们都认为权利是政治的产物，而不是自然的产物。因此，所有权利都必须根据新的信息和新的视野重新评价。例如，在对所谓"权利基础主义"的批判中，阿克曼指责许多自由主义未能认识到"在美国……人民是权利的源泉；宪法并未详述人民必定接受（或感到满意）的权利"[2]。倡导包容性和修正性对话模式的米歇尔曼也反复申述，以预先存在的权利和利益概念为基础的论证是无法令人满意的。标举商议民主观的森斯坦则毫不掩饰他对权利取向的宪政主义的批评，共和主义复兴"主要针对两类人：一类人认为宪法的设计只是为了保护一系列业已确定的'私人权利'，另一类人认为宪法文件是为了向在自利的私人团体中挣扎的利益集团提供规则"[3]。他甚至认为，"无论在自由主义体制还是共和主义体制中，权利都不是

---

[1] Skinner, On Justice, the Common Good and the Priority of Liberty.

[2] Ackerman, *We the People: Foundations*, 1993, p. 10, p. 15.

[3] Cass Sunstein, *The Partial Constitution*, Cambridge, MA: Harvard University, 1993, p. 21.

前政治地赋予的，而是运作良好的商议过程的产物"[1]。正是通过对话和商议的过程，前政治的偏好、价值和认同发生了转变，从而实现了共和主义民主逻辑的主体间和程序性的转型。当然，以法院或国会为中心的共和主义宪法学强调的是人民的代表之间理性商议的必要性，从而仍然具有程度不同的精英主义色彩，但米歇尔曼和森斯坦都倾向把人民更为直接地包容到商议过程之中，都重视政治上平等和活跃的公民在共同善的问题上展开讨论，并认为对于公民商议的信奉是美国政治和宪法对共和主义思想的独特贡献。[2]

在这里，特别需要强调的是政治参与中的对话和商议的非工具性转化潜能。所谓"非工具性"，一方面是指，公民的偏好、价值和认同的形成并不能自外于对话和商议过程；另一方面是指，这种对话和商议过程并不只是公民偏好、价值和认同的形成和转变的外在手段，而是内在地、构成性地参与到这种形成和转变过程中去。于是，商议模式一方面超越了旨在调和以个人权利为内涵的消极自由和以公民德性为依归的参与自治的"工具性共和主义"论题，另一方面与作为这种商议之产物的权利一起构成了推

---

[1] Sustein, Beyond the Republican Revival.

[2] 如果说把商议的范围限定或集中在代表之间所体现的是共和主义的精英主义成分，那么把人民或各种社团、亚团体更为直接地包容到商议过程之中则是为了回应和校正社群主义所包含的民粹主义诉求。共和主义的商议民主的转型使我们有机会把赫佐格对共和主义的质疑——"如果自由主义是问题，共和主义怎么可能是答案？"——抛给社群主义者："如果自由主义是问题，社群主义怎么可能是答案？"

定共同善的程序和平台。[1] 正是从这个角度，把这种经过重构的共和主义与社群主义区分开来就变得是必要和合宜的了。

共和主义与社群主义的关系一直以来是一个聚讼不已的问题。人们在指出作为一种古老的政治传统，共和主义是社群主义的重要思想来源的同时，也注意到，在批判自由主义中兴起的社群主义的若干论式也影响到当代共主义的某些论题。也有学者试图用精英主义和民粹主义来区分共和主义与社群主义。同时，由于社群主义这一名称已经引起了广泛的误解，以至于被归入这一阵营的许多理论家都不愿接受这个称号。例如，桑德尔一方面区分了强共和主义和弱共和主义，按照前者，自由本质上或内在地要求参与自治，按照后者，自治和自由之间的关系是工具性的而非定义性的；[2] 另一方面又区分了强社群主义与弱社群主义，前者否认权利的优先性和普遍性，后者只是否认这种优先性和普遍性能够以道义论自由主义所设想的方式加以辩护，并明确肯定自己站在后一种立场上。[3]

泰勒把自由主义和社群主义的争论理解为程序自由主义和公民人文主义传统的对峙，并在区分了以参与自由为核心的共和主义和承认自由的更宽泛范围（包括消极自由）的共和主义之后，对以司法审查为基础的公民尊严模式持保留态度，而对以政治参

---

[1] 参见哈贝马斯：《包容他者》，上海人民出版社，2002 年，第 300、302 页。

[2] Michael Sandel, *Democracy's Discontent: America in Search of A Public Philosophy*, Cambridge: Harvard University Press, 1996.

[3] Michael Sandel, *Liberalism and the Limits of Justice*, preface of second edition, Cambridge University Press, 1998.

与为基础的模式表示赞赏。凡此似乎表明泰勒所信奉的是一种自由主义的社群主义。但要注意的是，在同一篇文章中，他又在肯定盎格鲁－撒克逊政治文化中的原子主义偏见需要来自对于个人认同的社群维度更强有力观点的补救的同时，并不认为这种更具构成性的观点必然导致集体主义的另一极端。[1] 从这个角度，泰勒的社会论题和"整体论个人主义"实际上更接近的是沿着程序路线对共和主义的重构，它所肯定的是一种使参与民主和公民自治成为可能的元伦理社群，而不是最初为政治参与提供情境和场所的实质性伦理社群。[2] 也正是在这个意义上，哈贝马斯的"康德式共和主义"认为，只有用普遍主义交往行动的形式结构，而不是社群主义所诉诸的特定伦理社群的"在先共识"，才能说明宪政民主制度的合法性，重建自由民主政府的深层理想，因为"这种共和主义的交往理论比族裔民族主义或社群主义关于民族、法治国家以及民主的观念更能应付挑战"。[3]

四

综合以上所论，试简述笔者对当代共和主义的理论贡献和实

---

[1] Charles Taylor, Cross-purposes: The Liberal-Communitarian Debate, in *Liberalism and Moral Life*, ed. By Nancy L. Rosenblum, Harvard University Press, 1989, pp. 159-182.

[2] Stephen A. Gardbaum, Law, Politics and the Claims of Community, in *Michigan Law Review*, Vol. 90, No. 4, pp. 685-760, 此处见 p. 749。

[3] 参见哈贝马斯:《包容他者》,上海人民出版社,2002年,第161页。

践含义的理解。

首先，无论古典共和主义、现代共和主义还是当代共和主义都特别重视政治秩序的创建和政治制度的构建。共和主义关于政治秩序创建和政治制度构建的观点对于当下无疑具有某种示范和借鉴作用。政制变革要健全有序有效地进行，就必须兼顾民主共和主义和宪政共和主义两个面向，并在两者之间保持适当的张力。在这样一种认识下，在策略的层面上援引阿克曼关于宪法政治和常规政治的区分，具有一定启发意义。[1] 共和主义关于政治秩序创建的论述昭示我们，一个民主法治国家的自我立法可以追溯到奠基者决心制定一部宪法之时，但是，不管这里的奠基者是"大人物"还是"人民"，都必须自我设限，以避免过分强烈的决断论倾向。[2] 在这一点上，既有马基雅维利的教导，"君主的随心所欲乃系疯狂；人民的随心所欲实属愚蠢"[3]；又有哈贝马斯的告诫："只要民主自决涉及的只是法人共同生活的组织形式，合法组织起来的民众的总体性问题就还悬而未决。"[4] 颇为吊诡的是，越是在这种"悬而未决"的情况下，就越是需要古典共和主义所推崇和倡扬的政治德性、政治智慧和政治勇气，借以在民主共和主义和

---

[1] 高全喜：《论宪法政治》，载于《北大法律评论》，第 6 卷第 2 期，2005 年。

[2] Frank Michelman, Law's Republic。对以施密特（Carl Schmitt）为代表的决断论中包含的悖谬的一个深入批判，参见韦尔默（Albrecht Wellmer）的题为"人权与民主"（Menschenrechte und Demokratie）的斯宾诺莎讲演，中译文由罗亚玲译，收入《后形而上学现代性》，应奇、罗亚玲编译，上海译文出版社，2007 年。

[3] 转引自 Maurizio Viroli, Republican Renaissance and the its Limits, 作者手稿，中译文由刘训练译，收入《公民共和主义》，应奇、刘训练编，东方出版社，2006 年。

[4] 参见哈贝马斯：《包容他者》，上海人民出版社，2002 年，第 162 页。

宪政共和主义之间、宪法政治和常规政治之间作出审慎的考量和抉择。

其次，在政治哲学的基础理论和基本概念的层次上，当代共和主义对自由、平等、自治、公民身份、公民德性、共同善乃至于爱国主义都展开了广泛的论述。这里特别需要强调的是共和主义对于政治自由观念的推进和对于共同善概念的锤炼。

按照可以追溯到贡斯当和伯林流传甚广的观点，把共和主义与自由主义区分开来甚至对立起来的是，前者信奉古代人的自由或积极自由，后者则以现代人的自由或消极自由为依归。这种观点在充分正视古今之争的严肃性的同时，也轻率地取消了古代政治智慧与现代世界的相关性，加上法国大革命之后，民主共和主义的裂变所产生的负面效应扩大，而其对于政治独立之关切则被民族主义接收，这一西方最古老的政治传统确乎渐趋式微了。但是，随着以权利为基石的自由主义流弊逐渐暴露，又有社群主义对原子式个人主义的批判推波助澜，共和主义传统的政治意义遂重新呈现。斯金纳在论证古典共和主义的当代意义上迈出了重要一步，当代共和主义政治哲学的主要阐释者佩迪特教授更进一步，提出了其内涵为"无支配"的第三种自由概念：一方面，只是没有干涉（自由主义的消极自由）并不足以保证没有支配，另一方面，无支配的共和主义自由与其内涵为政治参与和社群自治的积极自由之间也不能画上等号。[1] 尽管佩迪特的自由观表面上看仍然

---

[1] Philip Pettit, *Republicanism: A Theory of Freedom and Government*, Oxford: Clarendon Press, 1997.

偏向消极自由，而且他本人也不信奉亚里士多德关于政治参与是人类繁盛的根本要素的观点，拒斥新雅典主义，倡导新罗马主义；但关键之点在于，这种自由概念复活和展现了一种既有历史渊源，又具当代相关性的重要政治想象，从而为制度构建和包括分配正义在内的公共政策问题提供了一种多维的、立体的概念支撑。例如，他那种论证精微的共同善理论就是在这种概念的基础上设计出来的。

对共同善的性质和功能的理解最能体现共和主义与自由主义和社群主义的差异。道义论自由主义主张正当优先于善，在这种自由主义看来，只有多元的善，没有共同的善；即使有共同善，也是工具性的，而非自在的或构成性的，尚塔尔·墨菲（Chantal Mouffe）说得好，自由主义者羞于承认正当的基础就是善。[1] 在批评原子式自由主义的社群主义者那里，善是与实质性的伦理社群联系在一起的，是"在先的共识"。佩迪特所发挥的共和主义的共同善观念介于这两种观念之间。一方面，并不是只有符合每一个人利益的东西才是共同善，共同善也并不是超越特殊利益和局部忠诚之上的抽象物，自由主义正是基于相反的论证否定或贬低共同善；另一方面，以无支配的自由为依归的共同善并不像社群主义主张的那样是一种至善论的追求，而是一种否定性的约束。[2] 在这种意义上，当代共和主义的后起之秀维罗利（Maurizio Viroli）

---

[1] Chantal Mouffe, *The Return of the Political*, London: Verso, 1993.

[2] Philip Pettit, Republicanism: Once More With Hindsight, in his *Republicanism: A Theory of Freedom and Government*.

明确肯定共和主义者的共和国与社群主义者的社群有根本区别，前者建立在正义的基础上，而不是某种特殊的善观念、文化或传统之上。维罗利尤其强调共和主义的核心范畴是法治，而不是公民德性。这正是当代共和主义晚近的主流方向，在我们看来，也是更有前景的方向。

最后，把自由平等的公民与共同善联系在一起，置于一种动态过程之中的就是当代共和主义理论家们广泛信奉的商议民主。阿克曼设计了一个对话的共同体，米歇尔曼提出了一种以程序为基础的共和主义的而非多元主义的观点，森斯坦更是"理由共和国"的不遗余力的倡导者，他们提供了一种把焦点集中在自由平等的公民之间的政治对话的商议性和改造性之上的模式，试图以此解决人类的自由要求同时遵循自治与法治这一使柏拉图和亚里士多德、霍布斯和卢梭、孟德斯鸠和托克维尔、麦迪逊和康德、洪堡和密尔、哈耶克和罗尔斯均为之殚思竭虑的问题。正是这一基本取向引起了哈贝马斯的强烈共鸣，在《在事实与规范之间》这部 20 世纪晚期的法哲学巨著中，他试图通过阐明人民主权和人权之间、民主和法治之间、公域自主和私域自主之间、积极自由和消极自由之间的内在概念联系把自由民主的实践激进化，从而扬弃自由主义和共和主义这两种互竞的政治哲学模式，超越至少自 17 世纪以降就连续不断的"古代人与现代人之争"，实现自由与归属的最终平衡与和解。

但此时此地，更值得强调的也许倒是佩迪特提出的所谓争议民主的概念。这是因为，虽然包括哈贝马斯在内的共和主义

二 迈向法治和商议的共和国

商议民主观并不像社群主义那样诉诸特定伦理社群的"在先共识",但它仍然像自由主义那样过分强调政治目标追求上的理性共识,而没有充分地正视政治活动的对抗性和排斥性特征,而争议民主以政治活动中的支配性作为它的关注焦点,由于它契合了西方政治意识形成过程中的"非对称性对抗概念"(asymmetric counterconcept)的分析架构,[1] 响应了马基雅维利关于共同善并不是商议的结果,而是斗争——"言辞的斗争而不是刀剑的斗争"——的结果的教导,从而更能体现和践履古典公民共和主义的争胜和竞技精神。更为重要的是,在一种健全的理性共识尚未形成,甚至连形成这种共识的动机都未被充分激发起来,而虚假的"在先共识"依然未被撼动的语境中,争议民主不是比商议民主更有针对性,抑或更能激发起形成理性共识的动机吗?

---

[1] 参见萧高彦:《共和主义与现代政治》,载《共和、社群与公民》,江苏人民出版社,2004 年。

三　从伦理生活的民主形式到民主的伦理生活形式

——自由主义－社群主义之争与新法兰克福学派的转型

　　新法兰克福学派的形成与转型无疑属于20世纪欧陆实践哲学中最富有成效的思想运动之一，而自由主义－社群主义之争则是英美政治哲学众声喧哗中的一场独特且有广泛影响力的学术争论。新法兰克福学派是一个含混的概念，其转型是一个更加含混的概念；自由主义－社群主义之争则如同以往围绕现代性之两面性所展开的种种争论一样引起了相关各方殊异的反应。从对哈贝马斯与韦尔默相关争论的考察可以看出，后者关于"伦理生活的民主形式"与"民主的伦理生活形式"的区分不但深化了前者关于"与政治物相关的文化"和"以政治的方式做成的文化"之间的区分，而且推进了我们对于"现代性仍然是一个未完成的谋划"这一断言的理解。

一

　　作为思想史中一种并非单一的现象，自由主义－社群主义之争中的一个有趣的特点是，社群主义的几位代表人物都曾经在不同的语境中否认自己是社群主义者。例如，麦金太尔似乎从未公开承认过自己是社群主义者；沃尔泽则在承认自己是一位社会民主主义者的同时倾向于贬低社群主义的自由主义批判的意义，如他公开指出，自由主义的成功不会使它失去吸引力，不管社群主义的批判多么尖锐，它实质上也是自由主义的一种变种，是在自由主义内部展开的对社群主义的追求。他同时也认为自由主义是一种自我颠覆的学说，它需要一种来自社群主义的周期性的矫正。沃尔泽的立论的一个支点在于他认为政治理论的中心问题并不是自我的构成，而是不管如何构成的自我之间的关系，亦即社会关系的模式。而自由主义实践的主题恰恰不是前社会的自我，而是后社会的自我。[1]

在某种程度上与沃尔泽异曲同工，泰勒在著名的《答非所问：自由主义－社群主义之争》一文中通过区分"本体论论题"和"辩护论题"，为澄清这场争论中的大量迷雾并提高论证的水平作出了根本性的贡献。更为重要的是，此文中提出了为一种"整体论的个人主义"辩护的可能性，泰勒认为正是这种整体论的个人主义把从孟德斯鸠、托克维尔到洪堡和密尔这些政治思想史上最重要的人物联系在了一起。[2] 而在当代政治哲学中，它也已经成为一个标识性的旗帜，例如新共和主义政治哲学的代言人佩迪特的名著

---

[1] 参见沃尔泽：《社群主义对自由主义的批判》，毛兴贵译，载应奇、刘训练编：《共和的黄昏》，吉林出版集团有限责任公司，2007年。

[2] 参见泰勒：《答非所问：自由主义－社群主义之争》，应奇译，载应奇、刘训练编：《公民共和主义》，东方出版社，2006年。

《人同此心》[1] 所提供的实际上就是整体论个人主义的本体论和规范论基础。

桑德尔在为自己在泰勒指导下撰写的博士论文《自由主义与正义的局限》所作的新版序言中，也表达了对社群主义这一标签的"某种不安"：

> 罗尔斯的自由主义与我在《局限》一书中提出的观点之间的争执关键，不是权利是否重要，而是权利是否能够用一种不以任何特殊善生活观念为前提条件的方式得到确认和证明。争论不在于是个体的要求更重要，还是共同体的要求更重要，而在于支配社会基本结构的正义原则，是否能够对该社会公民所信奉的相互竞争的道德确信和宗教确信保持中立。易言之，根本的问题是，权利是否优先于善。[2]

桑德尔区分了关于权利之于善的优先性的两种不同主张，第一种主张只是以某种"极端"的形式肯定某些个体权利的重要性，比如设定哪怕是普遍的福利也不能凌驾于这些权利之上；第二种主张所坚持的是，具体规定权利清单的正义原则的辩护独立于任何特殊的善生活观念。桑德尔明确区分了强社群主义和弱社群主义，前者否认权利（正当）的优先性和普遍性，后者只是否认这

---

[1] 佩迪特：《人同此心》，应奇等译，吉林出版集团有限责任公司，2010年。

[2] 桑德尔：《自由主义与正义的局限》，万俊人等译，译林出版社，2001年，"前言"第2页。Rights 译为"权利"无可争议，作为单数时则有"正当""权利""对"等不同译法，本文在行文中没有追求译名的统一，特别是在引文的情况下，请识者明鉴。

种优先性和普遍性能够以道义论自由主义所设想的方式加以辩护，并明确肯定自己站在后一种立场上。不管桑德尔所指控的包括罗尔斯在内的所谓道义论自由主义者有没有以他所指责的那种方式主张和设想正义"独立于"善，他所设想的正义与善相关的两种思路以及由此作出的辨析倒还是有些耐人寻味的。根据桑德尔的表述，"把正义与善概念联系起来的一种方式主张，正义原则应从特殊社群或传统中人们共同信奉或广泛分享的那些价值中汲取其道德力量"。也就是说，在这种方式中，社群的价值规定着何为正义、何为不正义，桑德尔认为这就是社群主义者所主张的正义与善之间的联系，但他并不赞同这种观点，"某些实践是由一个特殊社群的诸种传统所裁定的，单纯这一事实还不足以使这些实践成为正义的。使这种习惯性造物成为正义，也就是剥夺其批判性品格"。而按照把正义与善联系起来的第二种方式，"正义原则及其证明取决于它们所服务的那些目的的道德价值或内在善。依此观点，承认一种权利取决于向人们表明，它能为某种重要的人类善增光添彩，或使之发展。这种善是否偶然得到人们的珍重，或是否隐含在该社群的传统之中可能不是决定性的"。桑德尔认为这种方式严格来说并不是社群主义的，而最好被称作是目的论的，按照当代政治哲学的术语来说是完美主义的：

> 那些认为权利问题应该对各种实质性的道德学说和宗教学说保持中立的自由主义者，与那些认为权利应该基于普遍盛行的社会价值的共同体主义者，都犯了一个相似的错误：

> 两者都试图回避对该权利所促进的目的内容作出判断。但是，
> 这些并不是仅有的选择。第三种可能性——依我所见，也是
> 更为可信的可能性在于，权利及其证明依赖于它们所服务的
> 那些目的的道德重要性。[1]

面对社群主义内部的这种混乱，也许更多是基于走出自由主义－
社群主义之争的考量，多数研究者们致力于区分这一争论的不同
层次，以便在相应的层次上"安顿"各方的洞见。美国学者斯蒂
芬·加德鲍姆（Stephen A. Gardbaum）在他 1992 年发表于《密
西根法学评论》上的长达八万言的《法律、政治与社群的主张》[2]
一文中较早地区分了三种不同的社群主义主张以及三种不同的社
群主义论辩。三种不同的主张分别是反原子主义的主张、强社群
主义的主张以及元伦理的社群主义的主张，第一种主张的内容是：
"'自由选择的个人图式'是虚假的。"第二种主张的内容是："如
果不参照我们作为公民、作为一种共同生活的参与者的角色，我
们就不能构想我们的身份。"第三种主张的内容则是："政治商谈
是在一个政治社群的共同意义和传统内部（持续进行的），并不诉
诸完全外在于那些意义的某种批判立场。"

　　加德鲍姆认为，这三种主张分别包含着三种不同的社群概念，
亦即 1. 作为构成个人认同之一种因果要素的社群，2. 作为一种特

---

[1] 引文参见桑德尔：《自由主义与正义的局限》，万俊人等译，译林出版社，2001
年，"前言"第 4 页。

[2] 加德鲍姆：《法律、政治与社群的主张》，杨立峰译，载应奇、刘训练编：《共
和的黄昏》。以下凡引此文，皆出自该处。

殊的实质性价值的社群，3. 作为价值之根源的社群。而这三种社群概念又分别被应用于当代道德、政治和社会理论中的三种完全分离的论辩。第一种论辩被称作"能动性论辩"，它所关注的是个人与社群的本体论关系；第二种论辩被称作"元伦理论辩"，它所关注的通常是价值和规范结构的性质、根源和范围；第三种论辩被称作"政治论辩"，"只有在这种论辩中，自由主义才成为社群主义主张的标靶"，更为重要的是，"在这种政治论辩中，前两种论辩中的许多社群主义者，尤其是泰勒、拉兹、罗蒂和沃尔泽，捍卫自由主义的政治价值和制度而反对社群主义的政治价值和制度，而且他们这样做并不存在前后矛盾"。

纵然有了这些在区分层次基础上的绵密的论述，我们对于自由主义－社群主义之争的前景仍然有某种不明朗性。这里的关键似乎还是在于对道义论和目的论的争执究竟应该如何理解和仲裁的问题，在上文桑德尔的语境中，就是究竟应当怎样理解他所谓"权利所服务的那些目的的道德重要性"。如果我们援引德雷克·菲利普斯（Derek Phillips）所引入的"向前看的"（looking forward）和"向后看的"（looking backward）社群主义的区分，那么问题就成了评判"向前"和"向后"的尺度和标准何在。我们并不想就在这里说那种标准和尺度就是现代性，因为更准确地说，在更精微的论辩层次上，现代性本身在这里也并不是一把评判的尺度，而成了要拿尺度来评判的对象。于是，我还是更愿意引用哈贝马斯：

三　从伦理生活的民主形式到民主的伦理生活形式

> 这种伦理学……把好生活的问题程式化，并把好生活的问题程式化为正义问题，为的是通过这种抽象化，使得实践问题成为可加以认知地处理的。[1]

还有本哈比笔下的哈贝马斯：

> 哈贝马斯承诺了一种更强的主张，在向现代性的转换之后，在目的论的世界观瓦解之后，道德理论只能是道义论的，并必须聚焦于正义问题。追随科尔伯格的观点，他认为这并不是一种具有历史偶然性的进化，而是说，"正义判断"的确构成了所有道德判断的硬核。……道义论所描述的并不是一种与目的论并置的道德理论；对于哈贝马斯来说，关于正义和权利要求的道义论判断确定了道德的领域，如果我们要想有认知意义地谈论道德领域，那么情况就是这样。[2]

二

大致说来，我们把"六八风潮"在法兰克福学派内部所产生

[1] Habermas, "A Reply to My Critics, " in Habermas, *Critical Debates*, ed. by D. Held and J. Thompson, Cambridge, MA: MIT Press, 1982, p. 246. 转引自 Seyla Benhabib, "Autonomy, Modernity, and Community: Communitarianism and Critical Social Theory in Dialogue, " in *Cultural-Political Interventions in the Unfinished Project of Enlightenment*, eds. by Axel Honneth, Thomas McCarthy, Claus Offe and Albrecht Wellmer, Cambridge, MA: MIT Press, 1992, p. 43。

[2] Benhabib, "Autonomy, Modernity, and Community: Communitarianism and Critical Social Theory in Dialogue". 以下凡引此文，不再一一标明页码。

的分裂性契机作为新法兰克福学派登场的历史背景，哈贝马斯的"交往转向"则是这种转型的"规范"内容。从 20 世纪 70 年代初的"交往转向"到 90 年代初的"法学转向"（姑且这么说），构成我们所谓新法兰克福学派的主要生长期，而把基本上接受前一种"转向"并在这一范式下工作，不同程度地与后一种"转向"互相唱和补充的哈贝马斯的众多门徒作为新法兰克福学派的主要成员。

在哈贝马斯思想形成变化的历程中，就介入自由主义－社群主义的争论而言，位于上述两种"转向"之间的商谈伦理学的提出是一个重要而关键的阶段。如果说《交往与互动》和《认识与旨趣》是交往范式从生产范式中挣脱出来的最初啼声，《何谓普遍语用学》和《交往与社会进化》是奠定交往范式的最初基石，那么《道德意识与交往行动》和《证成与适用》则是交往范式在《交往行动理论》中最终得到体系化之后在道德实践哲学这一当代最为重要的哲学领域当中的一次至关重要并具有巨大智识效能的适用性"实践"。正如托马斯·麦卡锡（Thomas McCarthy）在为《道德意识与交往行动》的英译本所撰写的序言中指出的，哈贝马斯试图把道德判断的前规约阶段和规约阶段锚定在他的交往行动理论中。[1]粗略地说，我们可以把社群主义（目的论）对应于前规约阶段，把自由主义（道义论）对应于规约阶段。的确，此书于 1983 年结集出版，其时当代的社群主义运动刚刚起锚，但在某种程度上，其中重要的一文《道德与伦理生活：黑格尔对康德的批

---

[1] 参见 Habermas, *Moral Consciousness and Communicative Action*, trans. by Christian Lenhardt and Shierry Weber Nicholsen, Cambridge, MA: MIT Press, 1990, p. ix.

判适用于商谈理论学吗？》的标题本身就已经预先展示了新法兰克福学派与自由主义-社群主义之争在问题域上的同构性以及前者介入后一论争的概念空间。

　　如果说"交往转向"特别是商谈伦理学的适用性"实践"已经为批判理论有效地介入自由主义-社群主义之争埋下了伏笔，无论在规范内容还是理论范式上都做好了准备，那么作为"法学转向"之标志和代表性成就的商议性政治规则是哈贝马斯全面介入、扬弃和超越自由主义-社群主义之争的"终极"尝试。在这里要注意的是，哈贝马斯在相当程度上是把社群主义和（公民）共和主义放在一起甚至等同使用的，严格说来这当然会引起某些问题，但是如果用本哈比的说法，这里所注重的乃是范式间的对话（interparadigmatic dialogue），而非范式内的对话（intraparadigmatic dialogue），那么（公民）共和主义和社群主义的"范式内"差异在此就被"最小化"了。[1]

　　早在 1989 年发表的《自主性、现代性与社群：社群主义与批判社会理论在对话中》一文中，本哈比以一个既是观察者又是参与者的角度把自己的问题设定为："哈贝马斯对现代性谋划的辩护在何种程度上可以应对社群主义对现代性的批判？"本哈比认为社群主义和当代的批判社会理论共享了某些基本的认识论原则和政治观点：

---

[1] 参见 Benhabib, "Autonomy, Modernity, and Community: Communitarianism and Critical Social Theory in Dialogue".

两者都拒斥非历史的和原子主义的自我观和社会观，就正如他们都批判当代社会中公共精神和参与性政治的沦丧。哈贝马斯的批判理论，以及尤其是他对于现代社会矛盾的分析，能够为社群主义提供对于我们的社会所面临的问题的一种更为分化的图景，而社群主义对于当代道德和政治理论应当丰富它对于自我的理解，并把它的正义图景奠基在一种更为生气勃勃的政治社群观之上的坚持，则为道义论的和以正义为中心的理论的极度形式主义提供了一种可欲的矫正。无论对于自由主义还是社群主义，当代批判社会理论都是一种真正的替代项。

当然，本哈比也注意到了这种有趣的现象：

> 阿多诺和霍克海默对启蒙和现代性的批判在社群主义者和后现代主义者的著述中引起了反响，相反，具有讽刺意味的是，哈贝马斯今天的立场更接近于像约翰·罗尔斯这样的自由主义者，而不是自由主义的那些当代的批评者。他对于启蒙和自由主义之态度的转变也伴随着对于伦理学中的道义论之态度的转变以及对于康德式的正当优先于善的一种更为明确的赞成。泛泛而言，正是因为早期批判理论无法给出对于现代性条件下之工具理性的一种替代方案，哈贝马斯已经在道德哲学的路线中从黑格尔退回到康德。

比较有建设性的是，本哈比还区分出了社群主义中的"整合论倾向"和"参与论倾向"。根据"整合论倾向"，"现代社会中的个人主义、自我中心、混乱反常、异化和冲突都只有通过恢复某种融贯的价值体系才能解决。……整合论的观点所强调的是价值复兴、价值革新或者价值再生，而相对忽视或无视制度的解决方案"。而在"参与论倾向"看来，"现代性的问题与其说是在于归属感、整体感和团结感的丧失，不如说是在于丧失政治能动性和效力。……参与论的观点并不认为作为现代性之一个方面的社会分化是需要克服的。它所主张的是减少各领域之间的矛盾和不合理性并鼓励领域之间成员的非排斥原则"。本哈比认为，正是因为社群主义思想家们一直没有搞清他们所要强调的究竟是哪个倾向，这既引起了关于社群主义与共和主义传统的复杂纠结，也使得他们的自由主义批评者们有理由抓住这种含混性不放。而哈贝马斯对自由主义和社群主义的"整合"正是趁这种概念"间隙"而起。一方面，从《公共领域的结构转型》以来，根据公共参与原则来为现代性辩护一直是哈贝马斯工作的一个根本方面。与他的前辈们在"启蒙辩证法"的框架中对现代性的悲观看法不同，哈贝马斯强调现代性并不是只意味着分化和个体化，也意味着公共推理和讨论的一种自主的公共领域的出现。另一方面，与共和主义的或公民美德道德传统保持距离的"参与论倾向"本身并不必然陷入政治浪漫主义，因为参与并不意味着去分化、价值同质化甚或价值再教育。正如前面指出过的，参与论的模式所鼓励的公共情感并不是调和与和谐，而是政治能动性与效力：

　　哈贝马斯就是以这样的方式丰富了我们对于现代性之社

会和文化可能性的理解，无论有德性的社群还是自利的契约都没有穷尽现代性的谋划。伴随着社会分化和独立的价值领域之出现，现代性还带来了三重可能性。在制度的领域，通过实践商谈共同形成行动的规范成为可能。在个体的领域，个人认同的形成变得越来越具有反思性，也就是越来越少地依赖于既成的约定和角色；个体进入了自主的和流动的自我决定阶段。对传统的援引也越来越具有灵活性并更依赖于当代解释者的创造性解释。从这种三重可能性的视野看，参与原则远非现代性之反题，而是它的主要前提。在社会、文化和个人的领域中，个体的反思性努力和贡献对于制度性生活的运作，对于文化生活之延续，对于稳定的人格特质之历时性形成，都变得至关重要。

被认为是广义的新法兰克福学派晚近成员的肯尼思·伯内斯（Kenneth Baynes）在 1990 年发表的《自由主义－社群主义之争与交往伦理学》[1]一文中明确地认为，鉴于这种争论暴露出双方的局限和弱点，"当代的自由主义者没有充分地考虑基本权利的社会根源和辩护，而社群主义者则没有充分地正视民主公民身份的性质和条件"。因此就要求"实践哲学反思的一种更宽泛框架"。伯内斯认为哈贝马斯的交往（商谈）伦理学就提供了这种框架。在他看来，自由主义－社群主义之争中提出的三个问题：自由主义

---

[1] 此文已由笔者译出，载应奇、刘训练编：《共和的黄昏》，第 215-234 页。以下凡引此文，皆出自该处。

关于正当优先于善的主张，自我或道德能动性的观点，以及政治理想和制度的辩护，都能够在交往伦理学中得到重述。首先，正当之于善的优先性在得到保留的同时发生了转换，它被保留在强加于道德－实践商谈之上的基本约束中，例如对等的条件进而平等参与的权利。但是这种优先性的根据发生了改变，就是说，"按照最终的分析，只有在一种实践商谈内部，个人自主所需要的条件以及正义问题与好社会问题之间的区分才能得到澄清和辩护"。其次，"赋予正义优先性的辩护以活力的并不是一种'原子主义的''本质上无牵无挂的'或'情感主义的'自我观，而是来自关于后规约的道德推理之本性的一种哲学论证"。最后，"权利和政治理想的辩护不可能在不反思'辩护活动本身的条件和预设'的情况下进行"。

的确，在哈贝马斯的率先垂范下，介入自由主义－社群主义之争一度成为新法兰克福学派"内部"的一种"时尚"，从某种程度上，其"势头"至今未歇。下文我们将仍然以正义问题与好社会问题为轴心，重点阐述与哈贝马斯亦师亦友的韦尔默的工作，以具体地说明我们的"转型论题"。

三

法兰克福学派与实用主义的交汇和融合是当代西方实践哲学最富有成果的思想运动和最引人瞩目的学术现象之一。如果说极权主义的政治经验是法兰克福学派兴起的时代背景，自由民主的思想和实践是其理论思考和制度设计的假想参照系（无论反面的还是正面的），那么德国观念论、马克思的批判理论和韦伯的理性化学说则是它最为重要的思想资源，这一点无论对于旧法兰克福学派还是新法兰克福学派都是适用的。差别在于，实用主义的强势复兴和后现代主义的异军突起极大地改变了 20 世纪晚期西方的智识图景。哈贝马斯对早期批判理论缺陷的反省和对于社会批判理论的规范基础的探究就是在这样的背景下应运而生的。

20 世纪 70 年代以来，同样是在深刻反思旧法兰克福学派的根本缺陷，重新评价自由民主的政治传统，辩证调和现代主义与后现代主义的内在张力的基础上，与哈贝马斯亦师亦友的韦尔默逐渐形成了他精致的伦理对话模式和独特的民主文化概念，从而极大地丰富了人们对于实践理性之规范内核的理解。应当说，在拯救德国观念论和马克思批判理论的根本内核，汲取实用主义在真理问题和民主问题上的合理洞见，综合自由主义与共和主义（包括社群主义）的政治传统，完善批判理论的规范基础这些方面，韦尔默与哈贝马斯是基本一致的。意味深长的是，与哈贝马斯相比较，韦尔默似乎对后现代主义持有更为宽容和同情的态度。这当然是与韦尔默和哈贝马斯在真理共识理论、商谈伦理模式以及民主文化概念上的重要争论和分歧密切相关的。

值得注意的是，韦尔默在自由理论和商谈伦理上的关键性观点和论证都得到了哈贝马斯高度的重视。《现代世界中的自由模式》（以下简称《自由模式》）和《伦理学与对话》[1] 赫然出现在《在事

---

[1] 韦尔默：《伦理学与对话》，罗亚玲、应奇译，上海译文出版社，2013 年。

实与规范之间》的文献索引中。韦尔默对于消极自由的重要性的强调使得哈贝马斯不再只专注于从共同体自由推导出个体自由或消极自由，转而强调两种自由的相互预设和相互依赖的关系。我们可以看到，这个问题在哈贝马斯后来与罗尔斯的争论中又成了核心的问题，我们不能不说，把两种自由与商谈伦理结合在一起的讨论架构是由韦尔默首先奠定的。韦尔默在《伦理学与对话》中对普遍主义的道德原则和民主的合法性原则的区分更是直接导致哈贝马斯把针对民主立法过程而提出的"民主原则"和针对道德商谈而提出的"商谈原则"之间的联系和区别作为《在事实与规范之间》的基点。在韦尔默所阐发的"民主文化"概念中，更是处处透显出哈贝马斯所谓"以政治的方式做成的文化"这一概念之神韵，而他恰恰是结合自由主义－社群主义之争提出"民主文化"这个概念的。

韦尔默在肯定自由主义－社群主义之争"已经以一种富有成效的方式成功转移了关于现代世界中的政治合法性讨论之标轴"[1]之后，明确认为他们的分歧主要是一种"在共同的价值感内部"的分歧：

> 他们各自强调了同一传统的不同方面，……自由主义者坚持认为自由主义的和民主的权利以及自由必须优先于所有形

---

[1] 韦尔默：《后形而上学现代性》，应奇、罗亚玲编译，上海译文出版社，2007年，第224页。以下对韦尔默《自然权利与实践理性》、《现代世界中的自由模式》和《民主文化的条件》三文的引用，皆出于此书，除文末两个长段落，不再一一标注页码。

式的共同体的或集体的自决，就正如它们必须优先于所有特定文化的、族群的或宗教的传统和认同一样，而社群主义者则认为只有在社群主义的（例如"公民共和主义"的）生活方式情境中，自由主义的基本权利才能捕捉住一种不可移易的目标，从而被当作是正当的。换句话说，对自由主义者来说，个人权利形成现代自由主义和民主传统的规范内核，而社群主义者则宁可强调唯独能够使自由主义权利成为社群主义生活方式内部的一种有效力量的那些被遗忘的前提和条件。

毫无疑问，韦尔默的基本立场与泰勒和沃尔泽具有明显的亲和性，他赞同泰勒区分开这场争论中的"本体论的"方面和"辩护的"方面，"自由主义传统的个人主义并不是对人类学的原子主义的一种表达，而是反思和解放的特定现代传统的一种表达"。他肯定沃尔泽关于"前社会的"自我与"后社会的"自我的区分是在沿着正确的方向解决问题，"这里所谓'后社会'，并不是指独立于社会构成的认同、生活方式或传统，而是指已经获得了对于所有特定的认同、生活方式和传统的一种反思的距离，而构成这种反思的距离的正是一种传统，一种二阶的传统"。从这样一个视界去看，一方面，自由主义的和民主的权利就是这种传统的核心，自由主义政治哲学家们就是在试图表达这种传统的规范内容；另一方面，"社群主义对自由主义的批判的正当性主要在于它把注意力集中在自由主义基本权利与民主参与的内在联系上"。在这里，我们明显可以看出韦尔默所论与哈贝马斯作为其商议性政治观之核心所强调的人民主权与人权之间、公域自主与私域自主之间、积极自由与消极自由之间、民主与法治之间相互预设并互为前提的"内在联系"之间的一致性，或者不如说，哈贝马斯正是在接受韦尔默的相关批评后才系统化地提出这种政治观的。两人之间的相互影响不止于此，韦尔默还继承了哈贝马斯早年在《理论与实践》中对自然权利理论之"青睐"，继续把后者作为批判理论的一个重要场域，例如《自然权利与实践理性》一文就仔细地回顾了自然权利理论在康德、黑格尔和马克思那里的"诘难式发展"，认为他们之中没有一个人回答了自然权利的合理内核问题：

> 康德把自然权利转换成一种理性的法则，这最接近于启蒙运动的自然权利观念背后的政治意图，但他没有尝试把自然权利的"合理的"内容与"意识形态的"内容分离开来。……黑格尔认识到自然权利的政治意图是不可能在资产阶级财产概念的基础上得到实现的，但他得出了这些意图本身是不可靠的这种可疑的结论，并最终使资产阶级革命的政治成就成为可疑的。最后，马克思把黑格尔对自然权利的批判颠倒过来，并赋予"自由、平等、财产"这一资产阶级的三元体系以意识形态的特征；但在此过程中，那种结构的合理内核也离他远去了。

仿佛是在"呼应"德国观念论研究中对"线性进步论"的拒斥，也仿佛是在"预示"后来的市民社会研究热潮中呈现的从马克思回到黑格尔的趋向，韦尔默坚持认为，"这三种立场之间的关系不可能按照从康德开始，经过黑格尔到马克思的明确进步的方式被重构。毋宁说，自然权利问题上的这三种立场的批判潜能只有当我们让它们相互作用时才能充分实现"。因此，问题的关键就在于要找到他们共有的"透视点"来对自然权利进行"合理的重构"。

《自然权利与实践理性》一文撰写于 20 世纪 70 年代末，才过了十年，在 1989 年发表的《自由模式》一文中，韦尔默就找到了这个"透视点"。颇为令人意外的是，"合理重构"的这个"透视点"是通过黑格尔和托克维尔的"相互作用"找到的。的确，黑格尔和托克维尔的"互释"和"视界融合"既是韦尔默"合理重构"自然权利理论的关键，这主要体现在《自由模式》一文中；也是他结合自由主义-社群主义之争提出"民主文化"概念的前提，这主要体现在 1992 年发表的《民主文化的条件：评自由主义-社群主义之争》一文中。

韦尔默从"调和"个人主义的和共同体主义的（communalist）自由观和政治哲学入手，他自承在人类学的和认识论的立场上赞成共同体主义者，但又明确地意识到，"每一个共同体主义者，只要他明白无误地想要站在启蒙传统一边，他就必须与这样的事实达成妥协，那就是，现代资产阶级社会是启蒙的现代世界中的典范的社会，即人权、法治、公共自由和民主体制已经在某种程度上被可靠地建制化的唯一社会"。韦尔默颇为雄辩地认定，"必定是这种经验引导从一个激进的浪漫主义的共同体主义者起步的黑格尔转变成对他所谓'市民社会'的共同体主义的辩护者"。而这里的关键就在于"把自然权利理论的传统纳入到一种共同体主义的伦理生活（sittlichkeit）观念之中"。

"伦理生活"是黑格尔《法哲学原理》用来扬弃抽象法与道德之对立之综合体，它本身又包含家庭、市民社会和国家三个环节。《法哲学原理》中译本中没有采用"伦理生活"这个译名，而是统一译为"伦理"。按照英译本译者诺克斯（T. M. Knox）的解释，"伦理生活是一种合理的社会秩序的具体道德，在这种秩序中，合理的制度和法律为良心确信提供了内容"。在另一处，他又把伦理生活称作主观意志与客观秩序的统一，并且指出，黑格尔有时也会强调其客观的方面，在那些情况下，又被称作伦理秩序或伦理原则。[1]

用韦尔默的说法，黑格尔是在用"伦理生活"这个术语来刻画"主体间的生活形式的规范结构"。但问题在于，黑格尔并没有为现代社会发展出伦理生活的一种民主的、普遍主义的和世俗化的形式：

> 黑格尔对现代西方世界的民主精神的局部让步常常是与他对运用于现代世界的民主观念的原则性反对联系在一起的。黑格尔所拒斥的是对作为现代社会的民主参与和民主决策原则的自然权利原则的政治解释。黑格尔为此给出的哲学理由是相当复杂的，但最终说来并不是非常有说服力的，……黑格尔无论如何都没有表明为什么不能把普遍主义的自然权利原则"转换成"关于现代社会伦理生活的民主形式的可行观

---

[1] *Hegel's Philosophy of Right*, trans. and Notes by T. M. Knox, Oxford: Oxford University, 1945 /1962, pp. 319, 346.

念。这就是黑格尔的《法哲学原理》的盲点。

深具趣味的是韦尔默对形成这种盲点的部分原因的解释，不可不引：

> 确然无疑的是，另一部分解释在于，黑格尔的密涅瓦的猫头鹰起飞得稍稍早了一点：黑格尔没有民主传统的任何亲身的体验，而美利坚又依然太过遥远。即使在其理想化的形式中，普鲁士的君主制显然并不是欧洲历史的定论。

在这一番妙论之后，韦尔默又引用了马克思关于"民主制是一切国家制度的实质"的观点，但紧接着却指出，马克思所推翻的是卢梭而不是黑格尔，而且，接过如何构想伦理生活的民主形式这个黑格尔式问题的是托克维尔而不是马克思：

> 托克维尔的《论美国的民主》完全可以被当作黑格尔的《法哲学原理》的民主对应物。对两位作者而言，具有解放和压迫的内在辩证法的法国大革命是至关重要的历史经验。而两人的基本关切都是如何在平等主义的市民社会——他们都认为这是资产阶级革命无可挽回的结果——实现自由的政治建制化的问题。

韦尔默坚持认为托克维尔和黑格尔的"本质上同样的论证"的差别仅仅是术语上的：

> 尽管政治自由的精神和制度在后革命时代的法兰西的衰落的历史经验是黑格尔和托克维尔的反思的出发点，他们在

三　从伦理生活的民主形式到民主的伦理生活形式

　　寻求替代品上却转向了对立的方向：黑格尔认为他已经在某种程度上被理论化的普鲁士君主制中发现了可行的替代品；相反，托克维尔转向了对他的时代的第二个伟大的革命社会即美国社会的研究。在这里，他发现了不但在后革命的法国社会缺乏的而且是在他的时代的所有伟大的欧洲大陆国家所缺乏的东西：已经变成伦理生活形式的自由精神。

如果说韦尔默在《自由模式》中强调得更多的是伦理生活的民主形式——赋予伦理生活以民主的形式，那么，在《民主文化的条件》中，他更倾向于强调民主的伦理生活形式——把民主本身理解为一种伦理生活形式。

　　韦尔默从自由主义－社群主义之争中观察到，正因为自由主义的价值本身要求大量的民主参与，这也就是说，一种社群主义的矫正所体现的现代民主观念意味着"符合"自由主义的个人权利观念的一种社群主义的实践形式。如果说伦理生活的民主形式所强调的是伦理生活中的共识的形成和萃取离不开民主商谈，那么，民主的伦理生活形式所强调的则是，只有以民主商谈为基础，民主商谈自身才能作为一种伦理生活形式得到保证和维护：

　　　　在一种民主的伦理生活形式渗透到日常生活的众声喧哗之中的地方，自由主义的权利和民主的合法性形式才能结合成自由主义的和民主的社会的政治联合。民主国家要保持活力，就需要民主的市民社会的多元主义和政治文化。反之亦然：只有民主国家才能为民主的市民社会的发展提供空间。

在这里，韦尔默追随沃尔泽比罗尔斯更强调"自由主义安排的社群主义含义"，并且指出了有一种从密尔和托克维尔到杜威的社群主义的自由主义传统。韦尔默也没有忘记指出，这种社群主义的自由主义也与黑格尔的《法哲学原理》具有策略上的联系，因为"黑格尔已经在努力表明，自由主义权利的本质实现只有作为现代形式的社群主义伦理生活的实现才是可以想象的"。他更没有忘记强调，在黑格尔那里唯一欠缺的就是"用民主理论来详细说明自由主义安排的社群主义含义"，而且，在自由主义－社群主义之争中，自我的社会特征或正当之于善的优先性都只是"小规模争论"，最重要的差别在于"参与性民主和伦理生活的民主形式在现代社会中意味着什么"。

从这些表述来体察，伦理生活的民主形式和民主的伦理生活形式似乎并没有实质性差别。特别是如果回到韦尔默对于黑格尔的讨论，情形就似乎更是如此了。的确，在原文的表述，至少在英文的表述中（《自由模式》一文最初就是用英文发表的），甚至都无法把它们区分开来，因为"它们"其实就是"同样地"表述为"the democratic form of ethical life"。但是如果我们仔细体会相关的表述，还是可以捕捉到细微的区分，例如这样的表述：

> 我在使用（民主的伦理生活形式）这个概念时以一种朴素的悖谬性的方式暗指黑格尔。我所使用的这个概念意味着一种自由主义的和民主的态度和行为方式的习惯，这种习惯只有在适当的制度、传统和实践的支持下才能出现。实际上，

三　从伦理生活的民主形式到民主的伦理生活形式

这个概念只不过意味着自由主义的和民主的原则在一种政治文化中的社会体现。

这里就出现了"民主的伦理生活形式"这个概念中的所谓悖谬性的东西：一方面，按照韦尔默所分析的托克维尔的"共同体主义的"自由观与民主之间的联系，"这种意义上的自由只有作为伦理生活的形式才能存在；就是说，作为在所有的层面渗透在社会的制度中并在它的公民品格、习俗和道德情感中被习惯化的共同实践而存在"。另一方面，民主的伦理生活形式"必须不是作为'实质性的'，而是作为一种'形式上的'或——用哈贝马斯的术语来说——'程序性的'伦理生活观念而确定下来。因为除了民主商谈本身再没有任何伦理内容——不管它是哲学上的、神学上的还是政治的——能够成为对社会的全体成员都是强制性的。于是必定正是民主商谈的条件确定了民主的伦理生活形式的核心"。这就是说，"一种民主的伦理生活形式并不确定良善生活的具体内容，而只确定多元互竞的善观念的一种平等主义的和交往共存的形式"。

退一步讲，如果伦理生活的民主形式和民主的伦理生活形式存在聚焦点上的差别，我们甚至可以为它们使用两种不同的表述，例如把前者表述为"the democratic form of ethical life"，把后者表述为"democracy as a form of ethical life"。虽然这种辞藻上的差别本身并不蕴含概念上的差别，但是我们至少可以辨别出或倾向于强调不同的侧重点。正是在这里，我们也许可以冒昧地使用哈贝马斯提出的"与政治物相关的文化"与"以政治的方式做成的文化"之间的区分来试图捕捉伦理生活的民主形式和民主的伦理生活形式之间的微妙差异。如果这样，那么伦理生活的民主形式所强调的更多似乎是"与政治物相关的文化"，这是因为：当我们强调赋予伦理生活以民主形式时，现代意义上的民主（形式）尚未确立，所以更重要的提炼和萃取（传统）伦理生活中与"政治"相关的部分，而提炼和萃取的"工具"就是民主的形式；当我们强调民主本身作为一种伦理生活形式时，我们更为关心的是民主形式本身就需要一种"奠基"，而除了把民主本身理解为一种伦理生活形式，在向现代性的转换发生之后，似乎也别无为民主"奠基"之不二法门，这也就是前面所引用过的"只有以民主商谈为中介，民主商谈自身的基础才能得到保证和维护"。

四

我们既然引用了哈贝马斯提出的"与政治物相关的文化"与"以政治的方式做成的文化"的区分来阐释我们所体会到的在伦理生活的民主形式和民主的伦理生活形式之间的微妙差异，那么哈贝马斯在这种区分中对罗尔斯对"政治的"一词的理解所提出的批评在多大程度上适用于韦尔默？[1] 也许这并不是一个十分"有的

---

[1] 关于哈贝马斯对"与政治物相关的文化"与"以政治的方式做成的文化"的区分以及在这种区分的语境中对罗尔斯"政治的"一词的用法的批评，参见童世骏：《批判与实践：论哈贝马斯的批判理论》，生活·读书·新知三联书店，2007 年，第 196-201 页。

放矢"的问题，因为一般来说，韦尔默的"政治观"似乎应该更接近哈贝马斯而不是罗尔斯的。但是如果我们细读韦尔默的文本，特别是《自由模式》和《民主文化的条件》这两个篇章，就会发现，韦尔默的立场其实是介于哈贝马斯和罗尔斯之间的。韦尔默曾经说："在某种意义上，罗尔斯的自由主义与哈贝马斯的民主理论之间的差异代表了自由主义者与社群主义者之间的争论的一种最有趣的（因为它是最前沿的）版本。"那么，我们似乎可以说，韦尔默的政治观似乎代表了一种最有趣的（因为它是最精微的）介于自由主义者与社群主义者之间、介于罗尔斯和哈贝马斯之间的立场的版本。让我们不惮辞费地引用韦尔默本人的可谓分别对他的政治观的社群主义面相（"内涵上的"）和自由主义面相（"外延上的"）做出最精粹阐述的两段话为我们的上述定位"作证"并以此结束全文：

> 共同体的自由是已经通过社会的制度和实践，通过它的公民的自我理解、关切和习惯成为一个共同的目标的自由。当消极自由成为一种共同的事业时，它的性质改变了。因为那时，它不但是我们想要的自己的自由，而且是每个个人和集体的自决的最大化。然而，只有公共自由的空间被建制化，在这种空间中，受到理性和正义的要求约束的我们集体地——即运用公共争议的媒介并通过"一致的行动"——行使作为我们政治权利的自决权利，这种共同的并被共同地承认的自决空间才能存在。鉴于消极自由通过集体自决的制度

和实践被转化成了共同体的自由，只要存在这种自由（指共同体的自由），它必然是自我反思的：它成了它自己的对象。只要我们相信从黑格尔到汉娜·阿伦特的那些政治哲学家们的看法——在他（她）们看来，希腊城邦提供了政治自由的第一个范式——希腊城邦在某种意义上就已经是自我反思的。共同体自由的制度、实践和习惯通过变成个人的自我理解、认同和实践取向的组成部分成了它们自己的对象；因为这时，民主的意志形成不再只是由从外部（作为"正义的"调节的内容）进入政治领域的那些前政治的关心、利益和冲突所决定的；毋宁说，成为政治的内容的正是共同体的自由本身，这不但表现在阿伦特总是把它当作政治行动的典范的宪法自由的革命行动之中，而且表现在确保、重新解释、捍卫、修正和扩展公共自由空间的实践之中。宪法自由是公共自由条件下的政治行动的前进着的事业；这就是阿伦特关于政治行动领域本身就是它自己的内容这一要不然就显得是悖谬性的信念中的真理要素。[1]

如果我们从一种世界主义社会的可能性的角度观察世界，那么，从民族国家民主制的角度看依然暧昧不清的东西就变得清楚了。就是说，唯一的共同善（即对所有人都有约束力的善）只能存在于唯一有可能针对暴力破坏而保护个别社会的特殊传统和文化认同的那些自由主义和民主原则的实现。

---

[1] 韦尔默：《现代世界中的自由模式》，见《后形而上学现代性》，第220页。

三 从伦理生活的民主形式到民主的伦理生活形式

换句话说，变得清楚的是，从政治道德的观点看，一种民族的、文化的或宗教的所有集体认同充其量只具有倒数第二位的重要性。同时，无可否认的是，没有道德上的侵害，特殊性在普遍性中的"扬弃"就几乎是不可想象的；所有这些都表明，随着向世界主义法治国家的过渡，黑格尔所谓"伦理生活的悲剧"将在全球规模上重新出现，因为特定的文化传统的相对化也意味着它们的转型和局部的失效。这是现代性的代价；但对生活在当今世界的任何人来说，这是必须付出的代价。唯一仍可选择的是，特殊性的这种相对化在一种自由主义的和多元主义的世界文化的安定空间中是否会成为富有成效的，或者，富裕国家的防御性反应或感到他们的集体认同受到威胁的那些人的侵略性反应是否将导致全球内战或自由主义民主制的毁灭。[1]

---

[1] 韦尔默：《民主文化的条件》，见《后形而上学现代性》，第248-249页。比较"悖谬"但又深具"辩证"精神的是，在针对哈贝马斯的共同体主义自由观捍卫消极自由的"独立自足"性的《自由模式》一文中，韦尔默却奏出了共同体自由的"最强音"；而重在汲取社群主义对自由主义传统的贡献的《民主文化的条件》一文中，韦尔默却用社群主义观点"进一步强化"自由主义的同时，道出了自由主义的"真精神"。

四　政治的审美化与自由的绝境 [1]

——康德与阿伦特未成文的政治哲学

在透过当代自由主义的局促的理论视野去理解和解释康德的政治哲学，而自称康德主义者又成为自由主义政治哲学家的风尚的时代，重温阿伦特从《判断力批判》的"审美判断力批判"去挖掘和重建康德的未成文政治哲学的工作，无疑是一件十分有意义的事情。本文在重新梳理康德的成文政治哲学的基础上，分别从历史概念、政治概念、判断概念、契约概念、公共空间概念的角度全面地分析了阿伦特的解释理路，探讨了阿伦特的政治哲学与康德的政治哲学的错综复杂的关系，指明了阿伦特的诠释范式的潜能和限制，阐述了哈贝马斯的公共领域和交往行动理论对阿伦特政治哲学中政治的审美化和自由的绝境之循环的克服。理清从康德的公共性、阿伦特的公共空间到哈贝马斯的公共领域的演进的内在轨迹，不但具有思想史的意味，而且是把握自由主义的政治合法性理论的内在局限的有益视角。

---

[1] 本文曾作为会议论文于 2002 年 12 月在上海召开的"公共知识分子与现代中国"学术研讨会上宣读。

一

直到联邦党人和康德的时代，"在两千多年的时间里……从惯用语中消失了，并且完全丧失了任何颂扬性含义"[1]的"民主"这一术语，仍然是一个贬义词。联邦党人提出的"以共和制补救共和病"的方案是所谓"代议制共和国"，而不是与骚乱、争斗、短命和暴死联系在一起的民主政体。在严厉抨击把民主政体与共和政体混为一谈这一点上，法国革命的颂扬者康德却与联邦党人持有相同的立场。

按照康德的分类学，在涉及国家如何根据宪法（公意的记录）而运用其全权的方式上，只有共和的与专制的这两种政权形式。所谓共和主义就是行政权力（政府）与立法权力相分离的国家原则，专制主义则是国家独断地实行它为其自身所制订的法律，因而也就是公众的意志只是被统治者作为自己的私人意志来加以处理的那种国家原则。而由于民主政体奠定了"其中所有的人可以对于一个人并且甚而是反对一个人而做出决定，因而也就是对已不成其为所有人的所有人而做出决定"[2]的行政权力，因此在严格的意义上，它必然是一种专制主义。

那么如何克服"公意与其自身以及与自由的矛盾"呢？从表面上看，康德的"掌握国家权力的人数越少，他们的代表性也就

---

[1] 萨托利：《民主新论》，东方出版社，1998年，第292页。

[2] 康德：《历史理性批判文集》，商务印书馆，1990年，第108页。

相反地越大"的被称作"实际的共和主义"[1]的方案，与麦迪逊的代议制共和国的方案并没有什么差别。康德的独到之处在于他从纯粹理性观念的实在性的角度对原始契约观念的运用，根据公共权利的先验概念对政治与道德的一致性的说明，以及在历史目的论的基础上对进步观念的阐明。

　　首先，康德把共和主义政体定义为由一个民族全部合法的立法所必须依据的原始契约观念得出的体制。这种原始契约与所有其他自愿的协议和联合的不同就在于后者是为了各方共享的某种目标或目的结合在一起的，而前者则把结合本身当作每个人应该具有的目的，这种目的就是由公开的强制性法律调节的国家或市民社会，其内涵则是由这种法律保护甚至是由它们构成的人权。所谓保护，是指人权规定了每个人自己的应分，并获得了免受他人侵犯的保障；所谓构成，是指这里所说的权利不是霍布斯意义上的前社会的自然权利，而"是以每个人自己的自由与每个别人的自由之协调一致为条件而限制每个人的自由……而公共权利则是使这样一种彻底的协调一致成为可能的那种外部法则的总和"。[2]但是与卢梭把社会契约观念直接当作政治组织的原则不同，康德强调了原始契约决不可被认为是一项事实，它是纯理性的一项纯观念，是判断或检验宪法和立法的规范或标准，"每一种公开法律之合权利性的试金石"。[3]在这个意义上，虽然康德的政治哲学表

[1] Brugger, Bill, *Republican Theory in Political Thought: Virtuous or Virtual?*. New York: St. Martin Press, Inc. , 1999, p. 50.

[2] 康德：《历史理性批判文集》，商务印书馆，1990年，第181-182页。

[3] 同上书，第190页。

现出与卢梭相似的人民主权论的倾向，但就康德当时更为关心的是以共和主义的方式实行君主立宪制，而不是使主权采取民主的形式而言，康德的人民主权论是不在场的（absent）；而就康德强调联合意志是一切公共契约的最后基础，虽然政治合法性的基础并不在于实际的同意，有效的合法性的检验标准仍然是自由、平等、独立的人能够同意的理想而言，原始契约观念蕴含的人民主权论是反事实的（counterfactual）。

其次，"康德的政治哲学实际上是法律学说"。[1] 按照康德的总体构想，实践理性应当统摄法权论和德性论两个部分："就自由法则仅仅涉及外在的行为和这些行为的合法性而论，它们被称为法律的法则。可是，如果它们作为法则，还要求它们本身成为决定我们行为的法则，那么，它们又称为伦理的法则。如果一种行为与法律的法则一致就是它的合法性；如果一种行为与伦理的法则一致就是它的道德性。"[2] 但是，虽然前一种法则所说的自由只是外在实践的自由，后一种法则所说的则是内在的自由，但它们却都是由实践理性的法则即自律所决定的。对康德关于自由与自律的关系的观点的最根本影响来自卢梭，后者关于自由就在于服从人们自己为自己所规定的法律的观点直接导致康德在分疏合法的（或对外的）自由的含义时，把这种自由理解为"不必服从任何外界法律的权限，除了我能予以同意的法律而外"[3]。作为普遍立法

[1] 施特劳斯、克罗波西主编：《政治哲学史》下卷，河北人民出版社，1993年，第715页。

[2] 康德：《道德形而上学原理》，上海人民出版社，2005年，第14页。

[3] 康德：《历史理性批判文集》，商务印书馆，1990年，第105页。

的单纯形式的自律原则本身就是对可普遍化原则的表达。在《永久和平论》的附论中，康德把《道德形而上学原理》中的可普遍化原则（"应该这样行事，从而可以使你的准则成为普遍的法则"）表述为公共权利的先验原则（"凡是关系到别人权利的行为而其准则与公共性不能一致的，都是不正义的"），并根据这一原则论证了作为应用的权利学说的政治与道德的一致性。与原始契约观念作为公开法律之合权利性的试金石，其判断权限却仅限于立法者不同；公共性原则虽然也追溯到公意或统一的协议，但却把重点放在公民讨论和争论的领域中，后者对国家起着监督作用，是逐步改良的最重要工具，而"人民主权原则只有在公开运用理性的前提下才能付诸实现"[1]。

最后，虽然康德认为从自然状态向公民状态过渡从而生活在政治社会中是一种道德责任，进入市民社会也就等于承认道德秩序，但他还是明确地把政治（合法性）领域和道德领域区分开来。目的论的历史哲学就是为解决真正的政治必须既听命于道德又不能依赖于道德动机（善良意志）这一悖论服务的。"克服道德与政治的分离正是历史哲学的任务……道德与政治在其中得以彻底统一的那种法治状态是历史进步的方向。"[2]而对于哲学家来说，应该探讨的是他能否在人类生活的悖谬进程中发现某种自然的目的。对自然的目的论解释昭示我们，即使没有道德动机或善良意志，大自然的机制也会通过互相对抗的自私倾向实现理性的目的，即

---

[1] 哈贝马斯：《公共领域的结构转型》，学林出版社，1999年，第125页。

[2] 施特劳斯、克罗波西主编：《政治哲学史》下卷，第707页。

法治状态，并无限地逼近《道德形而上学原理》中提出的目的王国理想。如果目的能够把自然、自由和艺术联系在一起，它当然也就能够把人类自由的两个方面即政治和道德联系在一起。对后两者的一致性的目的论的理解是与对整个康德哲学（理论、实践和审美）的目的论的这种传统上被认为是唯一充分全面的理解相协调的，甚至有人认为，康德作为第一流的政治哲学家的地位正是借助这种理解而得到巩固乃至于提高的 [1]。但阿伦特在对康德的政治哲学的读解中所摒弃的恰恰就是这种把政治从属于历史的目的论的倾向。

二

阿伦特的历史概念既是她拒斥康德目的论的历史观的原因，也是我们理解她的政治概念的一把钥匙。

根据阿伦特的看法，现代的历史意识是随着独立的世俗领域获得新的尊严而出现的。古代的自然和历史概念的共同特性是不朽，而现代的自然和历史概念的共同特性是过程。但是历史过程并不必然能够赋予人们的世俗行为以意义。如果说笼罩在历史循环论之下的古代历史概念认为，每个事件和行为的意义是在它本身之中并通过它本身呈现出来的，那么现代历史概念则是通过向无限的过去和无限的未来伸展保证世俗的不朽的。"这个概念的巨

---

[1] Riley, Patrick, "Hannah Arendt on Kant, Truth and Politics", in Howard Williams (ed.), *Essays on Kant's Political Philosophy*, Cardiff: University of Wales Press, 1992.

大优点是历史过程的双重无限确立了这样的时空，终点概念在其中是无法想象的，而与古代政治理论相比较，其巨大的缺点则是永久性（permanence）被交付给了与稳定的结构不同的流动的过程。"[1]康德在处理政治与历史的关系时所面对的就是这样一种历史概念，他试图通过在历史目的论的基础上援引进步概念从而把政治从属于历史来解决所谓不朽的问题。在康德那里，人作为个体是会死的，只有作为类才是不朽的；历史的主体是人类，而历史的意义即大自然的隐秘计划只有当它被作为整体加以观照时才会呈现出来。

分析起来，阿伦特对于康德的历史概念持有一种矛盾的态度。一方面，她坚决反对历史目的论。按照她的词源学考证，"历史"（history）一词来自希腊文的 historein，后者意指"为了弄清过去事情的真相进行的探究"，而荷马史诗中的"历史学家"（histōr）一词则是指"仲裁者"（判断，judge）。"如果判断是我们与过去打交道的机能，那么历史学家则是通过与过去联系在一起参加对它的判断的探究者。"[2]恢复了历史学家和仲裁者之间的联系，我们才能从现代伪神学的历史（History）那里重新赢回人的尊严。换句话说，历史意义的最终仲裁者不是历史而是历史学家，而历史目的论恰恰把这种权利交付给了历史："进步的观念……是与康德关

---

[1] Arendt, Hannah, *Between Past and Future*, New York: Meridian, 1961, p. 75.

[2] Arendt, Hannah, *Lectures on Kant's Political Philosophy*, ed. by Ronald Beiner, Chicago: The Chicago University Press, 1982, p. 5.

于人的尊严的观念相矛盾的。相信进步就是反对人的尊严。"[1]另一方面，康德在谈论历史时所持的观照者（spectator）的立场又是阿伦特所欣赏的，因为观照者的立场是与目的论无涉的。她洞察到康德在把历史概念引入政治哲学时的遗憾和疑惑，她意识到困扰康德的问题并不是沉思对于行动的优先性、沉思生活对于积极生活的优先性，而是积极生活内部的优先性。但是问题在于，适合于阿伦特的政治概念的并不是作为自然的组成部分的人类的进步，也不是服从实践理性法则的属于智思界的理性存在物，即单数的人（man）的自律，而是生活在社群之中的、被赋予共通感和社群意识（sensus communis, a community sense）的复数的人（men）的交往。如果说作为整体的人类是在《判断力批判》的"目的论判断力"部分中加以考察的，自律的理性存在物是在《实践理性批判》和《纯粹理性批判》中加以考察的，那么作为复数的人的世俗存在物则是在《判断力批判》的"审美判断力"部分中加以考察的。

根据阿伦特的读解，《实践理性批判》之所以不能作为政治哲学的基础，就是因为康德的道德哲学是以思想的过程为基础的，决定思想和行动的是不自相矛盾这一同样的普遍规则。《判断力批判》特别是"审美判断力"之所以能够作为政治哲学的基础，就是因为它的主体间性的立场，它所关注的是"普遍的可传达性"（general communicability）或"无偏私性"（impartiality），而审美

---

[1] Arendt, Hannah, *Lectures on Kant's Political Philosophy*, ed. by Ronald Beiner, Chicago: The Chicago University Press, 1982, p. 77.

判断力正是最适合于这一目标的机能。一方面，判断的机能预设了多元的他人的在场，另一方面，"普遍的可传达性"或"无偏私性"的达致又要求尽可能从其他人的立场考虑问题。康德正是从这一角度强调了"扩展的精神"（enlarged mentality）是正确的判断的必要条件，"可传达性显然依赖于扩展的精神"。[1] 如果说在康德那里，"对人们的同伴的判断的诉诸是一种纯粹形式的诉诸，与社群的任何实质性的关系完全无关"[2]，那么阿伦特则通过把共通感翻译和理解为社群意识，通过肯定"人们的社群意识使得扩展他们的精神成为可能"[3]，发现了康德的未成文政治哲学，并与她关于公共空间（der öffentliche Raum，public space）的思想联系了起来。

　　在阿伦特看来，人们总是作为社群的成员作出判断的，相应地，诉诸并受到社群意识指导的这种判断的有效性是一种具体的有效性，它的有效性要求不能扩展到由作出判断的成员构成的社群和判断的对象出现的公共空间之外。可以说，阿伦特在这里通过肯定判断不是一种认知机能，实际上排除了判断的认知基础和内容，并把伽达默尔所批评的通过审美化而去政治化（depoliticization）的康德的共通感学说再政治化（repoliticization）

[1] Arendt, Hannah, *Lectures on Kant's Political Philosophy*, ed. by Ronald Beiner, Chicago: The Chicago University Press, 1982, p. 74.

[2] Beiner, Ronald, "Hannah Arendt on Judging", as Interpretive Essay of Hannah Arendt's *Lectures on Kant's Political Philosophy*, 1982, p. 135.

[3] Arendt, Hannah, *Lectures on Kant's Political Philosophy*, ed. by Ronald Beiner, Chicago: The Chicago University Press, 1982, p. 73.

了。但有意思的是，阿伦特的判断理论并没有向把判断牢牢地定位在政治商议、修辞和社群的实质性目的和目标之中的亚里士多德主义或新亚里士多德主义的方向发展。在阿伦特那里，这种再政治化正是通过审美化而实现的。的确，阿伦特自己毫不讳言这一点。对于阿伦特来说，政治是关于表象（appearance）的判断，而不是关于目的的判断，把政治判断同化于审美判断正是基于这个理由，而这也就使得从后者去寻找政治判断的模式成为并非偶然的事情了。问题是一种抽离实践目的的、严格的非目的论的判断还能不能被称作政治判断。回答这个问题就需要较为全面地把握阿伦特关于政治与判断的思想的发展变化及其内在张力。

在《真理与政治》一文中，阿伦特追溯了从柏拉图以来把真理与政治对立起来的传统。真理是强制性的，它只与单数的人有关。而政治是代表性的，与复数的人有关。政治所关心的并不是发现永恒的理性真理和道德真理，而是以劝导、讨论和同意为基础的公共舆论。与代表性的思想（representative thinking）和公共舆论相联系的判断是一种由行动者在政治商议和行动中行使的机能。阿伦特正是在这个意义上把判断称作人的精神能力中最为政治性的能力、作为政治存在物的人的一种基本的能力。但这种探索方向又被她后来的发展否定了。她忽而把判断与知性或认知联系在一起，忽而又把判断定义为意志的功能，最后则把它当作既不同于知性也不同于意志的第三种独立的精神能力。相应地，她一方面把判断归入积极生活，把它看作在从事共同的商议时公开地交换意见的政治行动者的代表性的思想和扩展的精神的一种功能，另一方面又强调像审美判断一样回溯地进行的判断的沉思的和无利害的一面，最后则完全倒向了后一种选择，把它限制在心灵生活的范围内，并在这种修正了的判断概念中排除了任何积极生活的要素。[1] 到了这一步，阿伦特曾经坚持的在判断与世间的行动之间的联系就难以得到维系了。

　　韦尔默[2]把阿伦特的政治行动概念作为她的判断理论没有向亚里士多德主义方向发展的重要原因。正是阿伦特把与社会物质再生产联系在一起的任何东西都排斥在政治行动领域之外，就使得她从来不能说明真正的政治行动的内容。而正是即使在民主政体的条件下，政治行动和政治争论也只能从社会的行进的生活过程中获取内容，就使得没有一种政治实践形式符合阿伦特的行动模式。一方面，行使亚里士多德的实践智慧（phronesis）的基础即伦理社群已经不复存在了，另一方面，作为社群意识的共通感也仍然是一个范导性的观念，真正的政治行动便只能体现在创立民主政治的革命行动和试图形成和公开地表达对于日常事件的无偏私判断的观照者的准行动之中。于是，阿伦特自己的行动理论的后果竟是无利害的观照者的判断行动最后成了唯一真正的政治行动。而作为一个黑暗时代的思想家，阿伦特的悲观主义使她无法

---

[1] Beiner, Ronald, "Hannah Arendt on Judging", as Interpretive Essay of Hannah Arendt's *Lectures on Kant's Political Philosophy*, 1982, pp. 138~140.

[2] Wellmer, Albrecht, "Hannah Arendt on Judgment: The Unwritten Doctrine of Reason", in Larry May and Jerome Kohn (eds.), *Hannah Arendt: Twenty Years Later*, MIT Press, 1996.

看到真正的行动和自由在我们生活的世界的任何前景，因此我们可以说，政治的审美化和自由的绝境在阿伦特政治哲学中是互为因果的。

三

无论成文的还是不成文的，康德的政治哲学都包含着比自由主义者所理解的远为丰富的内容，它们与阿伦特的政治哲学也具有比人们领会的甚至她自己所把握的更为复杂的联系。

首先，作为哈贝马斯所谓共和主义的政治哲学家，康德的原始契约观念与阿伦特的横向社会契约观念都与自由主义典型的契约观念拉开了距离。前两者都是以政治自由为目标的契约，是政治契约，是对于古老的"主权在民"（Potestas in populo）观念的新阐发；后者是以个人利益为目标的契约，是经济契约，体现的是对利益的分配和对权利的保护。双重契约的观念原是政治思想史中的常识，也通行在自由主义政治理论之中。这一点甚至构成了与霍布斯和卢梭把两种契约合而为一的倾向相比较而言的优势。阿伦特在阐述纵向契约和横向契约的区别时，就把洛克作为后者的代表。但自由主义政治思想发展的趋势是张扬、扩展经济性的契约，把这种观念普遍化，其弊端是使政治性契约的重要意义湮没不彰。康德在谈到基于原始契约而建立的合法组织时，"把国家和'市民社会'完全视之为一，而对包含同国家紧张对立关系的社会，则几乎没有考虑。这种观点，可以说反映了当时德国的状况"[1]。但在把国家和市民社会的二元区分绝对化，以至于哈贝马斯要用行政国家、经济和生活世界的三元模型来校正自由主义简单的公私二元区分的弊端时，康德的市民社会理论的这一缺点反而成了一种优点。有意思的是，如果说人民主权观念在康德政治哲学中的不在场相当程度上要归结于当时德国的状况，那么阿伦特则在她关于"政治体"（body politic）或"政治社会"（societas civilis，political societies）的思想中坚决地抛弃了主权概念。政治共同体并不是一种其成员拥有坚如磐石的意志的、人民主权意义上的自治的共同体，毋宁说，这种政治体的公共性是只有通过每个成员的政治行动才能存在的。

其次，尽管阿伦特的政治行动概念存在重大的理论缺陷，但关于公共性和公共空间的思想仍然是她留给政治理论的最为重要的遗产之一。值得注意的是，即使在被阿伦特大加贬斥的成文政治哲学《永久和平论》的附论（更不用说《回答这个问题：什么是启蒙？》）中，康德就已经提出了公共性的原则。当然，阿伦特意识到并且讨论了康德在这方面的重要思想。但阿伦特在这里表现出了她对康德的历史概念和表现在她自己的判断理论中的同样的矛盾态度。她既想援引这一原则为她的公共空间理论张本，又批评康德的公共性原则是建立在独白的思想过程的基础上的，并试图通过对康德的判断力理论的深入挖掘和创造性诠释拓展公共空间论说的哲学根基。这一诠释的效果历史证明它具有巨大的潜能，但阿伦特的政治行动概念限制了这一潜能的充分发挥。如果

---

[1] 城塚登：《青年马克思的思想》，尚晶晶等译，求实出版社，1988年，第142页。

说康德的原始契约观念以一种改进了的形式保留了卢梭的公意观念，那么哈贝马斯的公共领域（die öffentlichkeit，public sphere）和交往行动理论则走出了政治的审美化和自由的绝境的循环。与阿伦特悲叹公共空间在现代性条件下的衰落不同，哈贝马斯注意到了一种新的公共性形式在启蒙时代的出现和形成；与阿伦特把她的公共空间理论与她对表象空间中的行动的理解紧密地联系在一起，从而模糊了公共空间概念在民主的合法性理论中的关键性地位不同，哈贝马斯通过对阿伦特的概念的全面转换使得重新确立公共领域与民主的合法性之间的联系成为可能。这是因为当阿伦特把公共空间与表象空间联系在一起时，她心目中出现的是一种面对面的互动模式，这种模式适用的不是具有高度均质性的古代社群，就是创立政治自由的革命行动中的人们的相互允诺（mutual promises），这样的公共空间和政治领域难以在现代世界中被建制化。而哈贝马斯则把自主的公共领域当作通过集体商议实现自治的过程，从而解决复杂社会的民主合法性问题[1]。

最后值得指出的是，阿伦特摒弃《实践理性批判》，转而从《判断力批判》的"审美判断力批判"寻求重建康德政治哲学的根本洞见，并把这一部分内容作为她晚年最为重视的三卷本著作《心灵生活》中继"思想"和"意志"之后的第三卷"判断"（因她的猝然去世而未完成）的准备稿。这一大胆而富有想象力的工

---

[1] 对阿伦特的"公共空间"和哈贝马斯的"公共领域"的比较参见 Benhabib, Seyla, *The Reluctant Modernism of Hannah Arendt*, Sage Publications, Inc., 1996, pp. 199-203。

作所遵循的并不是对文本的学究式的评注的清规戒律，思想家之间的对话——"思想的风暴"——所服膺的是具有自身问题的独特法则。《实践理性批判》中的人是单数的人，他只能向他自己的理性请教，从中找出能够导出绝对命令的不自相矛盾的行为准则，而《判断力批判》则提供了重建道德视境的平台，因为它是建立在交往的概念、主体间的同意和共享的判断的基础上的。但是，正如哈贝马斯指出的，虽然阿伦特洞察到了康德的道德哲学的独白色彩，但她仍然固守理论和实践的传统区分，实践是建立在舆论和意见的基础上的，严格说来没有真假可言，"一种建筑在最终的洞见和确定性之上的过了时的理论知识的概念，使得阿伦特不懂得对实际问题的认识达到一致的过程，就是理性讨论的过程"。[1]也正如韦尔默进一步指出的，阿伦特对科学的真理观和形式化的理性概念的坚执使她无法在揭示康德的未成文政治哲学时从他的实践哲学内部开刀，也无法用反思判断的观念去揭示康德的实践理性观念的被抑制的对话维度，而只满足于把道德和政治判断同化到审美判断之中。正是在这个意义上，要想使对康德的成文政治哲学的批评和未成文政治哲学的重建取得决定性的胜利，这种批评和重建就应当指向康德思想的基础，"对康德政治哲学的批判必须成为对《纯粹理性批判》和《实践理性批判》的批判"[2]。

---

[1] 哈贝马斯：《汉娜·阿伦特交往的权力概念》，译载江天骥主编《法兰克福学派：批判的社会理论》，上海人民出版社，1981 年，第 175 页。

[2] 施特劳斯、克罗波西主编：《政治哲学史》下卷，第 733 页。

五　论第三种自由概念

　　自由是政治哲学的核心概念。西方政治哲学过去三十余年的发展基本上是在消极自由与积极自由二分法的理论框架之中展开的。社群主义的崛起不但没有走出，反而强化了这种二元对峙的概念樊篱。晚近以来公民共和主义的重新发现和阐释则另辟蹊径，提出了第三种自由概念[1]，试图运用全新的理论架构全面整合自由主义与共和主义的政治遗产。准确地把握第三种自由概念的内涵，不但影响到政治哲学史的谱系构成，关系到对自由主义、社群主义之争的恰当理解，而且有助于在既多元分化又全球一体的复杂社会中对自由理想的坚持与捍卫。

　　但是，第三种自由概念的倡导者们实际上已经陷入了某种僵局：他们既想继续运用伯林的概念架构表达超出伯林视野的洞见，但又没有对伯林的理论前提做出彻底的重新审察，甚至未能对伯林思想的内在紧张提出有说服力的诠释。这不但表现在他们把伯

---

[1] 参见 Pettit, Philip, *Republicanism: A Theory of Freedom and Government*, Clarendon Press, 1997. Skinner, Quentin, "A Third Concept of Liberty", in *The Proceedings of the British Academy*, Vol. 117，2001。

林的洞见简单地还原为冷战时代的意识形态需要，听任其表面上各不相同的论题处于经不起推敲的并行不悖的状态，而且表现在他们忽而把自己倡导的自由概念等同于伯林意义上的消极自由，忽而又把它与伯林的两种自由区分开来，自命为"第三种自由"，最后又在肯定第三种自由是一种独立的自由概念的同时，仍然把它理解为消极自由，尽管是不同于伯林意义上的消极自由。在我们看来，第三种自由的倡导者们不但生硬地肢解了伯林的思想，严重地误解了自己的主张，而且遮蔽了理解自由或第三种自由概念的另一条更有前景的道路。

一

《自由的两种概念》被认为是"当代政治哲学中最有影响的单篇论文"[1]，是"我们大多数论证的分析基础"[2]。但人们已经认识到，价值多元论与一元论的冲突和紧张才是伯林思想的总问题，因为甚至消极自由被称赞和被当作一种基本自由亦在于它最符合人类目的和善的竞争的多样性；我们正是通过消极自由所保护的这种自我选择，才能在不可通约的价值中确定我们的生活方式。[3] 从这个角度看，伯林晚年所强调的自由与归属的平衡也许不应当被简

---

[1] Swift, Adam, *Political Philosophy*, Cambridge University Press, 2001, p. 51

[2] Shklar, Judith, "Les visages de la liberté", XXXI, Ie Rencontres Internationales de Genève, 1980.

[3] 格雷：《伯林》，马俊峰等译，昆仑出版社，1999 年。

单地理解为偏离了他最具特色的价值多元论思想，转而认同社群主义这个"自由主义的最凶恶的敌人"[1]，而是仍然可以从价值多元论的历史主义方面以及它与价值一元论的张力获得恰当解释。

在我们看来，伯林自由概念的真正问题在于，他对于理性主义的自律（主）理论采取了简单化的敌视态度，其根源不但在于他的两种自由的区分局限于个人选择的层次，"没有把自由看成一个需要由社会生活来说明和满足的概念……脱离了社会共同生活的脉络……从而无足以构成一套社会、政治理论"[2]，而且在于他误解了自律理论与价值多元论之间的关系。他不是认为价值多元论必定排斥理性主义的自律概念，就是认为理性主义的自律必然导致他恰当地视作自我选择，特别是自我创造之死敌和西方理性主义传统之瘤疾的价值一元论。正由于他把自律概念与理性主义的自我形而上学紧紧捆在一起，他既无法想象一种对社会和文化的情境保持开放的个人自律理论，也堵死了在修正理性主义的意志自由或自由意志概念的基础上开辟理解自律概念，并在社会共同生活的视野中重新把消极自由与积极自由整合在一起的新途径。正是在这样的语境中，我们必须援引美国哲学家哈里·法兰克福（Harry G. Frankfurt）在意志自由和自律理论方面的重要工作。

法兰克福主张，人类区别于动物的特征不在于欲望和动机，甚至不在于有没有选择的能力，而在于形成他所谓"二阶欲望"

---

[1] 莱斯诺夫：《二十世纪的政治哲学家》，冯克利译，商务印书馆，2001年，第288页。

[2] 钱永祥：《我总是活在表层上》，载《读书》，1999年第4期。

或"二阶意志"（"second-order desires" or "second order volitions"）的独特能力或意志结构。所谓二阶欲望就是对自己的欲望（一阶欲望）的欲望，体现在这种欲望中的是反思地评价一阶欲望的能力，通过这种评价，一阶欲望就有了可欲和不可欲之分；而之所以要在二阶欲望这一通名之下强调二阶意志，则是因为前者逻辑上可以包括那种把二阶欲望的内容和取向完全等同于一阶欲望的情形。而意志自由的引入则需要肯定在经过反思评价后运用意志的力量主动地否弃一种（些）一阶欲望并选择另一种（些）一阶欲望的二阶欲望，法兰克福把它称作二阶意志。

由此可见，与伯林把多元价值之间的冲突直观地与理性和欲望的二元区分乃至于对立对应起来不同，法兰克福把这种冲突直接植入人类意志（欲望）的二阶结构之中。进一步的问题就是如何理解和辩护一阶欲望的评价标准和尺度。在某种意义上说，法兰克福的研究是一种元（meta）研究，至少在提出意志的二阶结构的这篇文章中，他并没有探讨这个问题，但他显然意识到了这个问题。他指出，坚持人的本质不在于理性而在于意志，并不是要否认只有借助于理性能力一个人才能对他自己的意志具有批判意识并形成二阶意志，而且人的意志结构预设了他是一种理性存在物。[1]

法兰克福的工作很容易使人联想起亚里士多德对人类意志结构的探讨。后者区分了两种意志，一种是反思的、经过慎思的意

---

[1] Frankfurt, Harry, "Freedom of the Will and the Concept of a Person", in *The Journal of Philosophy*, 68 (January 14), 1971, pp. 5-20

志，另一种是直接的、感性的意志。法兰克福所谓二阶的欲望或意志正是亚里士多德的前一种意志概念的复活。[1] 但是，要把法兰克福的工作与消极自由和积极自由的区分以及第三种自由概念的内在理据联系在一起，我们就必须进一步注意它与康德的自律理论的内在关联以及对这种理论的推进。这是因为，亚里士多德的意志结构理论是笼罩在他对良善生活的目的论理解之中的，用现代政治哲学的术语来说，这种意志结构所支持的选择自由并不是价值中立的；法兰克福对理性与意志关系的处理表明他正视了规范与价值的区分，但又把"价值归结为关于元偏好和'高层次意志'的生存论决定上"。[2] 而以罗尔斯为代表的当代自由主义者们一方面凸显了所谓价值中立的选择自由的地位，另一方面又把这种选择自由植入主体间的情境。值得强调的是，要对这种联系做出深入的阐发并为重新理解第三种自由概念铺平道路，最好的办法莫过于探讨长期以来遭到忽视的西季威克对康德的自由意志概念的著名批评，以及罗尔斯对这种批评的重构和回应。

二

西季威克在收录于《伦理学方法》的《康德的自由意志观念》

---

[1] 图根德哈特：《宗教和神秘主义的人类学根源》，张立立译，载《求是学刊》，2003年第6期。

[2] 哈贝马斯：《在事实与规范之间》，童世骏译，生活·读书·新知三联书店，2003年，第317页。

一文中分辨出，康德是在两种不相容的意义上使用"自由"一词的：一方面有"善的或理性的自由"，另一方面有"中性的或道德的自由"，亦即"在善与恶之间进行选择的自由"。这两种意义是不相容的，因为"如果我们说一个人的行为愈合乎理性他就愈自由，我们就不能说……他是通过自由的选择不合理地行动的"。[1]很显然，西季威克批评的本意是要说明，康德未能在"理性的自由"与"中性的或道德的自由"之间作出明确的区分，这不但在自由的概念上造成了某种混淆，而且使他的论证受制于某种不确定性，并使我们在面对康德的伦理学时陷入两难困境。一方面，如果把自由与理性直接等同起来，即用"理性的自由"排除或取代"中性的或道德的自由"，并否认自由意志选择恶的可能性，那么我们也将抛弃康德论证道德责任和道德非难的全部方法；另一方面，如果我们强调"中性的或道德的自由"所蕴含的选择自由，那么康德又怎样解释，既然圣人和恶棍的生活同样是他们作为本体的自我的自由选择的结果，而作为现象的自我，他们都同样受自然法则的支配，那么为什么圣人的生活表现了他的真正自我，而恶棍的生活却没有表现他的真正自我？罗尔斯在对正义即公平的康德式解释中回应的正是西季威克所提出的这后一个问题。

一方面，罗尔斯继续把康德的伦理学理解为对道德责任和道德非难的恰当说明，并认为它并不导致一种严厉命令的道德，而是导向一种互尊和自尊的伦理；另一方面，无知之幕的限制和相

---

[1] 西季威克：《伦理学方法》，廖申白译，中国社会科学出版社，1993年，第517-518页。

五 论第三种自由概念

互冷淡的动机假设使罗尔斯有理由把原初状态看成是本体自我理解世界的一种观察点，因为，以各方在原初状态中将会承认的方式行动，显示了他们的自由对于自然和社会的偶然因素的独立性。从这个角度，罗尔斯在《正义论》的结束处甚至宣称，原初状态的观点实际上是透视我们在社会中的地位的一种永恒的视点。但是，重要的是要注意到，"永恒的视点并不是从一个世界之外的某个地方产生的观点，也不是一个超越的存在物的观点；毋宁说它是在世界之内有理性的人们能够接受的某种思想和情感形式"。[1]在这个意义上，虽然罗尔斯仍然使用"本体自我"这样的表达方式，但实际上，所谓程序性解释的要旨正在于通过对实践理性的构造主义的解释，在瓦解和摒弃康德的现象与物自体、现象自我与本体自我的两重世界理论的同时，保留自律和绝对命令的观念。

应当看到，无论在康德对于自律的基本要素和根本特征的描述中，还是在罗尔斯对正义即公平的理论目标和价值内涵的刻画中，都明确地使用了消极自由或否定性自由和积极自由或肯定性自由这样的术语，都不但自觉地试图把两种自由结合在一起，而且努力论证了自律作为两种自由的共同基础，即本文所理解的第三种自由概念的正当性。

如果深入康德的文本，会发现存在着对自律或自主的两种不同的理解。第一种是由《纯粹理性批判》提出，而且在此后的著述中得到保留的作为自发性、发动时间中新的因果系列的机能的自由概念，这种"不受任何外在必然性支配"的自由是消极自由；

[1] 罗尔斯：《正义论》，何怀宏等译，中国社会科学出版社，1988年，第574-575页。

91

第二种则是《道德形而上学原理》为我们提供的独立于任何既定法则、自立法度或自律的自由概念，这是积极自由。康德指出，虽然自律起源于消极的自由概念，就是说，自律必须被归于每一个在消极意义上是自由的意志，但作为意志之特性的自律本身却是与积极的自由概念相等同的。但是康德又直接把自律与道德律等同起来，甚至于宣称"自由意志与服从道德规律的意志，完全是一个东西"[1]。基于这后一种学说容易导致"把只有由道德上的因素所推动的行为才是自由的这一观点归之于康德"[2]，因此，为了解释西季威克所谓"自由地选择作善还是作恶"的自由，有的论者转而求助于康德后期作品中对于意志与任意（Wille und Willkür）的区分。与积极自由相应的、用来刻画自律的、能够自我立法的是意志，与消极自由相应的、作为自发性的、能够发动时间中新的因果系列的是任意。积极的自律体现在自由的意志中，消极的自律则体现在自由的任意中。严格说来，体现在自由的任意中的消极的自律并不是真正的自律，而是意志的自发性。康德用"意志"和"任意"这两个术语分别刻画统一的意志能力的立法机能和执行机能：意志提供规范，而任意按照这种规范进行选择。只有当人们相信只有一种意志机能与一类自由时，才会误将自由与道德的行为等同起来。全面把握康德的这种区分的关键是要看到，一方面，自由意志不但不取消自由的任意，反而是通过人的自由的任意表现出来的。如果说自由意志是一个理性的事实，那么自

---

[1] 康德：《道德形而上学原理》，苗力田译，上海人民出版社，1986年，第101页。

[2] 阿利森：《康德的自由理论》，陈虎平译，辽宁教育出版社，2001年，第137页。

由的任意则是经验的事实。另一方面，"只有存在者有了自由，亦即从肯定的角度被视为基于理性的根据而自我规定的能力（按照法则概念而行动）的那种自由，他被设想为拥有相应的偏离理性规定的能力才可能是有意义的"[1]。

如果说自律是与理性的自由联系在一起的，而选择是与中性的或道德的自由联系在一起的，那么罗尔斯的康德式解释的关键就在于把自律与选择联系在一起，而且把作为一个本体自我的个人选择假设为一种集体选择。在这种状态下，恶棍的原则将不会被选择，这种选择也不能表现他们真正的自我。从罗尔斯的理论目标和他采取的论证策略来看，正义即公平既不是康德的道德形而上学的进路，也不是一般流俗的道德学家的进路——前者试图以自由与道德律为基础重建形而上学，后者即康德所谓"通俗的道德哲学"，试图通过对自由与道德律的解释，直接解决有关义务和责任的道德论争；而是社会政治哲学的进路，这种进路试图通过原初状态的设计和反思平衡的论证，确定良序社会中的社会合作的根本条件。这也是罗尔斯主要是一个政治哲学家而法兰克福主要是一个道德哲学家的差别所在。在法兰克福提出他的意志结构理论前后，意志自由或自由意志与道德责任的关系问题是当时道德哲学领域最重要的热点问题。法兰克福通过他独特的意志自由理论，破除了道德责任必定以意志自由为前提的定见，并为更宏大、更有社会内涵的政治哲学研究奠定了一块不可磨灭的基石。但从某种意义上说，法兰克福的工作仍然带有元伦理学的痕迹。

---

[1] 阿利森:《康德的自由理论》，陈虎平译，辽宁教育出版社，2001年，第198页。

而从博士论文开始就注重对规则的研究的罗尔斯则已经摆脱了元伦理学局促、琐碎的研究风格的束缚。从这个角度看，法兰克福的工作虽然极大地革新和推进了冷战意识形态（自由主义）笼罩下的历史决定论、自由意志和道德责任之关系的探究层次，但如果要避免伯林思想之作为一种政治哲学的"简陋""不足""严重的失误"或"致命伤"[1]，就需要把视野扩展到更宽广的社会、政治脉络中去。

三

从自由概念的角度来说，最为重要的是，罗尔斯既不是从消极自由推出积极自由，也不是从积极自由推出消极自由。这是因为罗尔斯对康德的自律概念进行了主体间性的阐释，其目标是从道德和政治自律这同一个根源推演出私域自律和公域自律，即消极自由和积极自由。[2] 在这里，作为后两种自律或两种自由之根源的自律虽然仍冠以道德之名，但它并不是一个实质性的道德律令体系，而是自我立法的普遍形式或形式条件，它所表达的普遍性是一种程序的普遍性。在这个意义上，甚至可以说这种自律概念是"道德上中立的"[3]。也正是在这个意义上，哈贝马斯有理由认为"是参与共同体自我立法实践的公民公域自律使得私人的个人自律

---

[1] 钱永祥：《我总是活在表层上》。

[2] 哈贝马斯：《包容他者》，曹卫东译，上海人民出版社，2002 年。

[3] 阿利森：《康德的自由理论》，陈虎平译，辽宁教育出版社，2001 年，第 140 页。

成为可能"。这是因为"对个体自由的正确界定，应当是一种共同的自我立法实践的结果"。[1]

正是在这里，我们有必要强调韦尔默对哈贝马斯（20 世纪 90 年代前）的共同体自由概念的批评。韦尔默敏锐地洞察到这种自由概念有拿积极自由吞没消极自由，使之失去自主性、自足价值和独立证成（justification）基础的危险。[2] 认真说来，韦尔默是要求对消极自由进一步作出形式与内容的区分。内容（极端的情形就是在理性地划定的界限内非理性地行动）当然无法只以形式为基础，但这种区分本身也钝化了对哈贝马斯的批评从而可以被包容到后者的框架之内：一方面，形式本身也是一种内容，正如程序正义也有实质性的正义内容；另一方面，正因为哈贝马斯强调的程序普遍性或自我立法的形式条件是一种"道德上中立的"道德观，它并不排斥实质性的内容，也不妨碍消极自由成为韦尔默所谓"实质性的道德原则"，只不过它再实质也要以程序理性划定的界限为限。实际上，哈贝马斯对公域与私域之关系的讨论完全不是静态的、形式化的，而是动态的、富有规范内涵的，用他自己的话来说，"公与私之间的这种互补关系没有任何规定性……民主过程的使命在于，不断重新明确公与私之间的复杂关系，以便保障所有同时表现出私域自律和公域自律的公民都能享受到同等

---

[1] 哈贝马斯：《包容他者》，曹卫东译，上海人民出版社，2002 年，第 118 页。

[2] Wellmer, Albrecht, "Models of Freedom in Modern World", in *Hermeneutics and Critical Theory in Ethics and Politics*, ed. by Michael Kelly, The MIT Press, 1991, pp. 227–252.

的自由"[1]。

戴维·米勒（David Miller）指出，西方历史上曾经出现过三种主要的自由传统：第一种是共和主义的传统。第二种是自由派的传统：如果说在共和主义者看来，自由必须通过某种政治方式实现的话，那么，在自由主义者看来，在政治终结的地方才可能有自由的存在。第三种是理想主义的自由传统，这种传统把自由的主要内涵理解成自律。米勒把这三种自由传统与伯林所区分的两种自由结合在一起加以讨论，认为马基雅维利提供了把自由主义（消极自由）和共和主义（公共参与意义上的积极自由）纽结在一起的范例，卢梭提供了把前述意义上的共和主义和理想主义（理性自律意义上的积极自由）纽结在一起的范例，而密尔提供了把前述意义上的自由主义与理想主义纽结在一起的范例。[2]

但是，米勒根本没有探讨一种把自由主义、共和主义和理想主义纽结在一起的自由概念，他也忘记指出正是在流俗的西方政治思想史上的声名无法与上述三人比肩的康德做到了这一点，而罗尔斯和哈贝马斯则是对此做出了各具特色的论证的当代政治哲学家。米勒千虑一失的原因除了他的文章写于哈贝马斯的巨著发表之前，还在于共和主义复兴运动在那时虽然走出了消极自由与积极自由二元对立的概念樊篱（米勒的马基雅维利图像就是由斯金纳提供的），但仍然只限于基于自由社会的稳定和自我存续的经

---

[1] 哈贝马斯：《包容他者》，曹卫东译，上海人民出版社，2002年，第118页。

[2] Miller, David, "Introduction" of *Liberty*, ed. by David Miller, Oxford University Press, 1991.

五　论第三种自由概念

验性论证，而没有在规范的层次上提炼出自己独特的自由概念。但是晚近以来，在佩迪特"无支配"（non-domination）的自由观的影响之下，斯金纳本人亦开始谈论所谓"第三种自由概念"。尽管佩迪特、斯金纳们与哈贝马斯的学术进路相互独立，甚至大相径庭，但我们有理由相信，他们的努力指向了同一个方向，即彻底地超越自由主义和社群主义、消极自由和积极自由的抽象对峙，从而使共和主义成为"结出果实的花朵"。唯一但并非无关宏旨的区别在于，斯金纳在提炼出第三种自由概念之后仍然把这种自由理解为消极自由，尽管是另一种消极自由；而如果在哈贝马斯那里也有所谓第三种自由概念的话，那么它就不再是与消极自由（不管是哪一种消极自由）和积极自由并列的概念，相反，前两种自由都只有借助于第三种自由才能得到彻底根源性的说明。一方面，消极自由并不是传统自由主义所谓自然权利，诸如自由的界限、诸自由的共存等都有待共同体自我立法的证成；另一方面，积极自由不再是工具性共和主义所理解的外在手段，而内化到了自由概念本身之中。从这一角度看，当斯金纳强调第三种自由（亦称新罗马自由）与霍布斯－伯林传统的消极自由的差别时，这种自由概念与罗尔斯所谓基本自由相类似，所体现的是对自然权利理论的超越；当斯金纳强调第三种自由仍然是一种消极自由时，他的立场似乎又与坚持私域自律（消极自由）之自我奠基的罗尔斯若合符节，所表达的是对古代共和政治、共同善政治、德性政治的警戒。而佩迪特则无论在自由概念还是民主概念（所谓商议性民主）上都呈现出与哈贝马斯的亲和性。当然，他们都是现代性的政治哲学家，他们在综合政治现代性的两个维度的同时各擅胜场，各有侧重。而最有悖谬性意义的事实莫过于，恰恰是其政治自由观体现出强烈的公民共和主义色彩的哈贝马斯是现代性的最坚定捍卫者，是彻底的现代性政治哲学家。

六 再论第三种自由概念

在《论第三种自由概念》[1]一文中，我尝试提出了理解政治哲学中的第三种自由概念的另一种理路。我在那里主要做了三方面的工作，一是通过援引哈里·法兰克福对于一阶意志和二阶意志的区分，试图为破除论者所谓以赛亚·伯林对理性主义自主性概念的敌意奠定新的理论基石；二是通过阐发西季威克对康德的自由意志概念的厘清和批评，以及罗尔斯对正义即公平的程序主义诠释，试图把后者理解为对西季威克问题的回答；三是从哈贝马斯与罗尔斯之争的角度，通过援引韦尔默对共同体自由观的批评，论证了哈贝马斯基于公域自主和私域自主相互预设和共为基原（co-originality）的自主性概念是一种兼顾了共和主义、自由主义和理想主义的更为根本性的第三种自由概念。

《论第三种自由概念》的撰写动机和核心旨趣主要是基于公民共和主义所提出的第三种自由概念之激发而形成和展开的，但是该文既没有正面讨论伯林的自由理论及其效应，也没有系统梳理

---

[1] 载于《哲学研究》，2004 年第 5 期。

公民共和主义的自由概念，同样没有从两种自主性的角度详细论列哈贝马斯与罗尔斯之争。相应地，本文将从三个方面展开：一是从自由的内部问题和外部问题的区分进一步探讨伯林与后伯林的政治哲学，特别是以罗尔斯为代表的自由平等主义的关联；二是通过梳理共和主义自由概念的演变，阐明佩迪特以无支配为内涵规定的第三种自由所面临的批评和挑战；三是相对于晚近文献中有关更高阶的政治自主性的讨论，重新从两种自主性之关系的角度为哈贝马斯与罗尔斯之争寻求新的定位。

一

一般来说，当代政治哲学中对伯林关于消极自由与积极自由二分法的使用包含三个层面：第一个层面是不但接受伯林对于两种自由的界定，而且接受伯林关于两种自由之冲突的分析，只是把这种框架运用到新的场景和案例中；第二个层面是基本接受伯林的相关界定，但是对于两种自由的关系提出不同于伯林的理解；第三个层面则是，不但在两种自由的界定上，而且在对于两种自由的关系上，都提出不同于伯林的理解。关于消极自由有什么错的争论和围绕自由之价值的争论就是在第三个层面上展开的，我们把前一个问题称作自由的内部问题，把第二个问题称作自由的外部问题。

六　再论第三种自由概念

　　查尔斯·泰勒率先对伯林关于消极自由的定义提出质疑，[1]他肯定伯林对于两种自由的区分具有无可争辩的重要性，因为西方文明中确实存在这两种不同的自由传统，对两种自由的区分及其冲突的分析和揭示对于20世纪的历史经验具有相当的说服力。但是消极自由论者和积极自由论者在争论中走向了某种极端，前者指控后者会为卢梭的"强迫自由"招魂，后者则指责前者那种霍布斯-边沁式的顽固立场会导致认为意识匮乏和虚假意识与自由问题完全无关这类明显违背常识的观点。

　　要缓和这种极端立场及其悖谬性，从历史传统的层面，泰勒指出古典共和主义传统坚持认为公民自治本身就具有积极的价值而不是只具有工具性的价值，而且这种公民自治本身并不导致强迫自由，而后浪漫主义时代的个人和自我观念同样是经常被名之以消极自由的现代个人自由观念的重要组成部分，但是自我完成和自我实现的观念一定会承认内在的原因如同外在的障碍一样妨碍自由，而一旦承认这一点，就与作为出发点的霍布斯-边沁式的顽固立场相矛盾。从概念分析的层面，泰勒建议分别使用机会性概念和运用性概念来把握消极自由与积极自由。所谓机会性概念，就是把自由理解为与我们可以做的和可以选择的，以及是否行使这种选择相关的概念，这种概念支持没有障碍就是自由的充分条件；所谓运用性概念，就是把自由理解为本质上包含了对控制个人生活之能力的运用，这种概念认为一个人的自由程度视他

---

[1] 泰勒：《消极自由有什么错？》，译文载刘训练编：《后伯林的自由观》，江苏人民出版社，2007年，第167-183页。个别术语的译名是我自己给出的。

有效地规定自己及其生活方式的程度而定。但是，问题在于，一旦承认消极自由亦包含自我实现的要素，就不能认为它必然依赖于机会性概念，而是一定会包含某种运用性概念。相应地，继续坚持霍布斯－边沁式的顽固立场，只承认机会性概念的自由，就会遏制积极自由的成长空间。

泰勒引入运用性概念和机会性概念的最重要的理论后果在于，他把区分消极自由与积极自由的界限从行动者外部转移到了内部，从而在当代政治哲学中恢复和开启了从理性与欲望的关系来探讨自由与能动性问题的理论路径。具体来说，行动者与其外在障碍的截然二分一旦被打破，试图通过把没有行动的外在障碍等同于自由，从而抵御积极自由的灾难性后果的"马其诺防线"就守不住了。一旦接受自实现和自由的运用性概念，行动者个人就并不一定是判定他是否自由的充分条件了。但是重要的是，运用性概念并不一定依赖于高级自我和低级自由的形而上学教条，而一种不包含对动机之质的区分的自由概念本身就是站不住脚的。归结起来，泰勒所主张的是，正因为人是一种目的性的存在物，自由就不再只是没有外在障碍的一种状态，而应该是没有对有意义的行动之障碍的状态。

如果说泰勒通过对消极自由概念的批评把两种自由的区分这个"外部"的问题转化成了自由的内部问题，那么，伊恩·卡特关于自由之独立价值问题的讨论则通过把讨论的平台转化为自由与平等之间的关系，从而代表了探讨自由的外部问题，调和自由平等主义和自由至上主义的一种独特进路。

六 再论第三种自由概念

卡特在《自由的独立价值》一文中把"自由拥有独立的价值"界定为"自由拥有的价值不依赖于我们赋予我们有自由去做的特定之事的价值"。[1] 他由此提出了一种独立价值的类型学，把自由的独立价值分为绝对价值、内在价值、工具性价值以及构成性价值。绝对价值是内在价值的子集，内在价值和工具性价值又是独立价值的子集，而构成性价值则是介于工具性价值与内在价值之间的一种立场。实际上，卡特认为并无理由把自由看作一种绝对价值，他不但致力于弥合独立价值与非独立价值之间的鸿沟，也致力于弥合工具性价值与内在价值之间的鸿沟，而构成性价值的引入则主要是为了直接证明拥有更多的选择比拥有更少的选择要好，从而间接证明自由本身就是一种价值。

卡特关于自由的独立价值的论证具有强烈的调和色彩，例如他既认为不同类型的独立价值不必对自由何以是有价值的问题提供唯一的回答，又认为自由的独立价值既可以是内在价值，也可以是工具性价值，还把自己的目标限定为并不是要否定自由具有非独立的价值，而仅仅是论证它们具有独立的价值。卡特认为自由主义者不必把独立价值与绝对价值混淆在一起，或把独立价值与内在价值混淆在一起，但是卡特这种理论调和的代价却是在一定程度上泛化了自由的独立价值的含义，也就是把自由的独立价值扩大到包括非特殊的工具性价值。而这种独立价值只是独立于自由所实现的特殊的价值，却仍然依赖于自由在普遍意义上所实

---

[1] 卡特：《自由的独立价值》，译文载刘训练编：《后伯林的自由观》，江苏人民出版社，2007年，第272页。

现的价值。

在这里重要的是要注意到，卡特的论证主要是针对德沃金和金里卡的相关主张而提出的。按照卡特的说法，在这些"罗尔斯式的自由主义者"看来，"保证一种纯粹最低限度的自由，实际上并不意味着保证自由的某种最大限度的定量属性，而是为了保证追求一种有价值的生活（不管如何定义'有价值的生活'）所必不可少的某些基本自由"[1]。必须承认，卡特在这里的确把握到了自由平等主义与自由至上主义之间的一个重要的争执点，因为自由平等主义正是由此出发论证了自由主义对平等的关切，从而把平等的关切和尊重加冕为自由主义的价值理想和道德原动力；但是另一方面，如果我们像阿马蒂亚·森和史蒂文·卢克斯要求的那样，承认"自由至上主义也必须关注自由的平等分配，并且至少在这种意义上，他们必须将自由与平等看作是一致的"，那么就正如卡特紧接着指出的，"自由至上主义与平等主义者之间的争论似乎就可以简化为一场关于自由定义的争论，尤其是自由是否应该与经济购买力联系在一起的争论"[2]。

正是在这样敞开的问题视域中，我们可以把罗尔斯关于基本自由权（basic liberties）的概念理解为对上述所谓自由的内部问题和外部问题的综合。在《正义论》中，罗尔斯像伯林那样把自由与自由的价值（the worth of liberty）区分开来，"自由表现为平等

---

[1] 卡特：《自由的独立价值》，译文载刘训练编：《后伯林的自由观》，江苏人民出版社，2007年，第270页。

[2] 卡特：《自由的概念》，译载于刘训练编：《后伯林的自由观》，第10页。

六 再论第三种自由概念

自由权的整个自由体系，而个人和团体的自由价值是与他们在自由体系的框架内促进他们目标的能力成比例的"。[1] 但是罗尔斯并没有遵循伯林的消极自由与积极自由二分法，而是采用了麦卡勒姆的自由的"三位一体"定义。《正义论》中对于自由优先性的论证就是基于这种自由概念而给出的。但是在《政治自由主义》和《作为公平的正义》中，自由本身的优先性被基本自由权的优先性取代，这当然是为了回应哈特对《正义论》有关自由优先性的批评，罗尔斯现在承认应当起用"基本自由权"这个概念来修正和取代《正义论》中所使用的"基本自由"。而在对基本自由权之优先性的论证中，《政治自由主义》一方面诉诸与"充分恰当"的自由权体系相对应的自由平等公民的两种基本的道德能力，亦即与正当相对应的正义感的能力和与善相对应的把自身追求的利益最大化的能力，这可以被称作是在自由的内部问题上的进展；另一方面又强调要保证政治自由权的公平价值，从而开放了一种把差别原则及其所体现的平等本身理解为公平政治程序这个前提性诉求之必然要求的解读空间，[2] 这可以被称作是在自由的外部问题上的拓展。罗尔斯对基本自由权及其优先性的论证可以说是把自由问题上的内外两种路径整合在一起而得出的。

需要澄清的是，当伯林和罗尔斯区分自由与自由的价值时，这里的价值原文为 worth，而当德沃金、金里卡以至于卡特谈论自由的价值时，这里的价值原文为 value。泛泛而言，我们或许可以

[1] 罗尔斯：《正义论》，何怀宏主译，中国社会科学出版社，2009 年，第 160 页。
[2] 参见谭安奎：《政治的回归》，中央编译出版社，2007 年，第 140 页等处。

说 worth 是 value 的一种，或者用卡特的表述来说，前者是后者的一个子集。但是如果用本文对于所谓自由的内部问题和外部问题的区分来看，则可以说谈论 worth 是在探讨自由的外部问题，谈论 value 则是在讨论自由的内部问题。而在价值多元论的背景下，似乎更可以把 worth 和 value 理解为同一个问题的两个方面。而重要的是，在后伯林的政治哲学中，一种不但可欲而且可行的自由概念一方面要以价值多元论为前提，另一方面又要接受价值多元论的检验。罗尔斯的基本自由权概念就是在这样的理论背景下提出的，而公民共和主义所提出的第三种自由概念也同样必须接受价值多元论的挑战和检验。

二

作为当代观念史的一种有趣而富有启发的现象，以昆廷·斯金纳和菲利普·佩迪特为代表的公民共和主义的自由概念经历了一个连环套式的发展过程。笼罩在消极自由和积极自由的二元框架之下，斯金纳率先在《消极自由的哲学与历史透视》和《政治自由的悖论》等文中提出以马基雅维利为代表的古典共和主义者事实上主张的是一种消极自由，只不过他们对于消极自由与积极自由的关系提供了一种新的理解，其要旨在于，共同体自由乃是个体自由的前提，为了维护消极自由和独立自主的共同体于不坠，就必须弘扬以公民参与为内核的积极自由，这被称作是工具主义的共和主义论题。不同于斯金纳并未质疑消极自由的内涵和界

定，佩迪特在《消极自由：自由主义的与共和主义的》一文中区
分了共和主义的消极自由与自由主义的消极自由，把前者界定为
一种所谓弹性无干涉的状态，在开启共和主义复兴的法学路径的
同时重点论证了弹性无干涉本身作为一种简单价值和独立政策目
标的理据。但是在佩迪特那里，所谓弹性无干涉只是其自由观的
一种过渡形态，他对于共和主义自由观的最终表述是在《共和主
义》中提出的所谓无支配的自由。相对于斯金纳那种被论者称作
"没有在（共和主义和自由主义）两种立场之间找到任何哲学上的
根本分歧"[1]的工具性共和论题，佩迪特关于无支配自由的论证成
了当代新共和主义一种最有影响的哲学论述。有趣的是，斯金纳
紧接着在他的不列颠学术院演讲中把这种自由命名为第三种自由，
也称作新罗马自由。[2]而在其关于自由谱系学的演讲中，他在系统
梳理了从霍布斯、洛克到边沁、密尔和格林的自由概念，在为其
所谓新罗马自由理论张本的同时，也似乎进一步为佩迪特的哲学
论述补充了一种历史的维度。[3]

　　佩迪特的无支配自由观引起了广泛的讨论和争议，对这种自
由观的最有深度和影响的批评是由当代重要的政治哲学家查尔
斯·拉莫尔和杰里米·沃尔德龙提出的，而他们的批评最有针对
性的方面恰恰都是围绕着自由与价值多元论的关系展开的。

---

[1] 帕顿：《共和主义对自由主义的批判》，译文载应奇、刘训练编：《共和的黄昏》，吉林出版集团有限责任公司，2007年，第374页。

[2] 参见斯金纳：《第三种自由概念》，译文载应奇、刘训练编：《第三种自由》，东方出版社，2006年。

[3] 参见斯金纳：《政治自由的系谱》，萧高彦编，联经出版事业公司，2014年。

拉莫尔首先肯定佩迪特的最大贡献在于拓宽了理论选择的范围，在他看来，无支配的自由在自由与法律的关系上持有与自由主义不同的观点，而在自由与自治的关系上持有与新雅典主义不同的观点。这种自由观带来的一个最主要的理论后果是改变了自由与民主观念的关系。对于把自由理解为无干涉意义上的消极自由论者来说，自由与民主或自治并不存在内在的联系；对于新雅典主义者来说，自由就是自治的行使；而对于无支配的自由观来说，"民主与自由的关系就是一种根本的手段关系，而不是（对自由的）一种特许的表达"。[1] 按照拉莫尔的解读，重要的在于，对于自由与民主的这种理解所倡导的"公民德性是一种特别的政治德性，它是保证一个社会没有支配所必需的。它的作用是使得追求良善生活的不同图景成为可能，而不是去定义人类之善本身"[2]。这可以说是以无支配自由为拱顶石的共和主义与政治自由主义最具亲和性之所在，但是问题在于，佩迪特以"一种类似一元论的方式"措置无支配自由，从而就使得"价值多元论的观点并未赋予新共和主义对于自由的讨论以活力"。[3]

在拉莫尔看来，无支配自由和无干涉自由表征着相反的自由观念，它们注定会发生冲突。因此，像佩迪特那样在自由这个作为多元价值之冲突的核心主题上，坚持认为"无支配构成了政治自由的真正意义，这乃是不明智的"[4]，而是应该承认"广泛的自由

---

[1] 拉莫尔:《现代性的教训》，刘擎、应奇译，东方出版社，2010年，第307页。
[2] 同上书。
[3] 同上书，第308页。
[4] 同上书，第308页。

观念本身是多元的，包含着若干不同的价值"[1]，因此，重要的在于，"承认这些理想之间的差异，指出它们的动机和相互联系，并确定在什么样的条件下，它们当中一种或另一种是利害攸关的或被证明是更为重要的"[2]。正是在这个意义上，拉莫尔认为佩迪特在他的"自由主义批判的无底洞"中对罗尔斯的自由优先性观念的解释"没有把握住罗尔斯的原则的真正含义"。[3] 按照拉莫尔的解读，罗尔斯的平等的基本自由权体系，特别是其中的差别原则，其实类似于佩迪特在强调自由作为最高政治价值的同时，"论证现存的支配关系是促进全体的无支配的最佳手段时才应当被容忍"[4]，这同样被拉莫尔称作是罗尔斯的政治自由观与无支配自由之间的亲和性。

拉莫尔对佩迪特之批评的关键在于，基于自由观念的复杂性和自由主义传统的复杂性，指出无支配自由并不能脱离自由主义的原则和制度设计来证明它是一种可以取代后者的独立价值，并进一步论证对人的尊重这个基本原则乃是佩迪特的共和主义理论的最深基石。不无巧合的是，沃尔德龙对无支配自由观的批评也指向了类似的方向。

根据佩迪特对支配关系的定义，沃尔德龙把"无支配"自由分解为"能力要素"与"任意要素"两个组成部分，能力要素是指干涉的能力，任意要素是指这种干涉是任意的。问题在于佩迪

---

[1] 拉莫尔：《现代性的教训》，第 310 页。

[2] 同上书，第 308 页。

[3] 同上书，第 315 页。

[4] 同上书，第 316 页。

特并没能提供一个联结"能力要素"与"任意要素"的正当理由，恰恰相反，两种要素是各自独立或分离的。一方面，我们可以直接把自由定义为没有任意的干涉，而无须诉诸能力要素；另一方面，我们也可以单独从能力要素着手，把一个人的不自由定义为他人有能力干涉我，不管这种能力是任意干涉还是非任意干涉的能力。而且，虽然干涉的能力似乎蕴含着任意干涉的前景，但这种联系并不是必然的概念上的联系，而是或然的事实上的联系。

如果我们回到佩迪特对弹性无干涉的论证，就会发现沃尔德龙在无支配自由中所分离出来的两种要素可以在那里找到另一种对应：能力要素对应于干涉，任意要素对应于弹性，因为干涉预设了干涉的能力，而弹性则排除了任意。重要的是，我们还可以把沃尔德龙在佩迪特的自由观的原子层次和分子层次之间的区分应用到无干涉和弹性无干涉之间的区分：无干涉是原子层次上的自由，弹性无干涉则是分子意义上的自由。问题在于如何理解原子层次与分子层次之间的关系。按照佩迪特对弹性无干涉之作为一种简单价值的论证，他倾向于否定无干涉本身就是一种简单价值，在这里他主要针对的是一种独立价值（比如弹性）与无干涉的结合能否构成消极自由的一种真正具有替代性的含义。借用佩迪特在评论桑德尔的共和主义论题时在公共参与和无支配自由之间所把握到的那种抗体与免疫力之间的构成性关系的表述，[1] 我们可以说弹性之于弹性无干涉之间的关系也是构成性的，这就是

---

[1] 参见佩迪特：《桑德尔共和主义的重构》，载马德普主编：《中西政治文化论丛》第四辑，天津人民出版社，2004 年。

六　再论第三种自由概念

当佩迪特说"弹性只是无干涉的一个方面，而不是某种附加的东西"[1]时实际上所要表达的意思。但佩迪特这样做的代价就是否定无干涉本身就是一种价值。

　　沃尔德龙关于原子层次的自由与分子层次的自由的区分是服务于他对于自由是什么、成为自由人意味着什么和什么样的社会才是自由社会这三个层次的区分框架的，或者也可以反过来说，前一种区分的含义是要通过后一种区分得到具体化并落实下来的。在这里，沃尔德龙和佩迪特的关键分歧仍然在于以无干涉为主要内涵的消极自由本身是否是一种价值。沃尔德龙的表面论点是，能力要素仅仅构成以无干涉为内核的原子自由理论的一种外壳，而并不成其为一种不同的和独立的自由理论，其论证的要旨则在于追随伯林对于最低限度的个人自由领域的捍卫，并在这一论域中为哪怕是最小化的消极自由的规范性提供辩护，因为这同样也是所谓自由人的最低限度的规范含义。这在某种程度上可以类比于前文所述卡特关于拥有更多的选择比拥有更少的选择要好，从而间接证明自由本身就是一种价值的论证，只不过在卡特那里，由自由的所谓度量问题所凸显的自由至上主义与自由平等主义的分歧反而在某种程度上遮蔽和掩盖了这场争论背后更深的理论关切和争议。而与从自由人向自由社会的"跃迁"有关的才是自由总量的合理分配的问题。正是在这个层面上，"自由主义传统倾向

---

[1] 佩迪特：《消极自由：自由主义的与共和主义的》，译文载应奇、刘训练编：《第三种自由》，东方出版社，2006年，第194页。

于把消极自由与平等原则牢固地联系在一起"。[1] 也正是在这个层面上，沃尔德龙肯定佩迪特坚持在平等与自由之间存在天然的联系，尽管这种联系并不只存在于无支配自由之中。沃尔德龙如此写道："我认为佩迪特想说的是，最大化的无干涉并不必然等于消极自由。这一点是正确的，但是并没有理由认为自由平等主义者要沿着最大化的道路走下去。"[2]

沃尔德龙把自由平等主义的核心洞见追溯到康德普遍的消极自由观念，也就是根据普遍法则与其他人的自由共存的自由。在这种意义上的消极自由中，"被道德化的，被作为原则之主体的，并不是约束本身的不存在，而是根据普遍条件加诸每个人的约束的不存在"。[3] 正是康德普遍的消极自由观念指引着罗尔斯对于自由和基本自由优先性的论证，"虽然罗尔斯的正义第一原则用一种消极（自由）观念去确定就这一原则所特许的行动类型而言，一个人是自由的还是不自由的，但是这种原则自身所特许的并不是消极自由本身，而是对消极自由的一种特定的分配"。[4] 正是在这个意义上，借用沃尔德龙的表述，我们似乎可以说罗尔斯的基本自由权观念既是一种原子层次的自由观，又是一种分子层次的自由观。

---

[1] Jeremy Waldron, Pettit's Molecule, in *Common Minds: Themes from the Philosophy of Philip Pettit*, ed. By G. Brennan, R. Goodin, F. Jackson and M. Smith, p. 159, Oxford University Press, 2007.

[2] Ibid.

[3] Ibid.

[4] Ibid.

六　再论第三种自由概念

三

与本文的旨趣高度相关的是，早在沃尔德龙之前，对罗尔斯自由观的这种解读就已经由新法兰克福学派的重要思想家韦尔默在《现代世界中的自由模式》一文中提出来了。韦尔默论证的要旨在于从自由的元原则（metaprinciples）的角度比较个人主义的自由观和共同体主义的自由观。所谓元原则是用来"确定自由社会的形式条件"，"自由的形式条件规定了一个本质上是多元的社会的条件；元原则详细说明了如果具体的内容要被当作合法的，就必须满足的条件"。[1]诺齐克是个人主义自由观的代表，其元原则是消极自由；哈贝马斯是共同体自由观的代表，其元原则是理性商谈。问题和争论之点在于，从消极自由的元原则看，"参与制民主显得是社会特定团体的成员之间的协议（契约）的可能内容"[2]；从理性商谈的元原则看，"财产权利显得是民主共识的一种可能内容"[3]。韦尔默站在共同体主义的立场，主要关心的是这种自由观能否充分正视消极自由对于一种现代自由观念的重要性，或者说，"自由主义意识形态是否具有需要被明确地纳入（'扬弃'）共同体主义自由观的独立的真理内容"。[4]韦尔默之所以忧心于此，是因为他认为"理性商谈的元原则过于薄弱，不足以充分地说明现代

[1] 韦尔默：《后形而上学现代性》，应奇、罗亚玲译，上海译文出版社，2007年，第207页。

[2] 同上书。

[3] 同上书。

[4] 同上书，第208页。

的共同体自由观念的普遍主义内容"，而其后果则会是"消极自由的普遍主义原则不能在概念上被当作哈贝马斯意义上的共同体主义的理性观的组成部分"。

正是在这种关联中，韦尔默洞察到了似乎介于个人主义和共同体主义之间的罗尔斯正义论和自由观的优长之处。一方面，正义的第一原则可以被理解为消极自由的普遍主义原则，在此意义上它就是康德的"权利"定义的翻版。但是重要的在于，"罗尔斯寻求的既不是哈贝马斯意义上的理性商谈的元原则，也不是作为（哈贝马斯意义上的）可能的理性共识内容的具体的道德规范。毋宁说，它是那些想得到他们的消极自由的最大化领域并准备承认其他每个人的消极自由的同等领域的个人的正义元原则"[1]。另一方面，一旦弄清这种薄的正义观对于可能的建制化的全部含义，它就会导出"伦理生活的民主形式意义上的共同体自由观念"[2]。韦尔默对于"排他性地建立在交往的理性观念基础上的共同体的自由观念没有植入消极自由的原则"[3]的质疑和批评引起了哈贝马斯的重视，后者转而开始强调两种自由的相互预设和相互依赖的关系，而韦尔默对普遍主义的道德原则与民主的合法性原则之间的区分则导致哈贝马斯在他的法哲学中重点论述和澄清针对民主立法过程而提出的"民主原则"与针对道德商谈而提出的"商谈原则"之间的联系和区别。与本文的论题高度相关的则是，韦尔默对于

---

[1] 韦尔默：《后形而上学现代性》，第 216 页。

[2] 同上书。

[3] 同上书，第 217 页。

六 再论第三种自由概念

消极自由和理性商谈这两种元原则之间的缠结和张力的深入阐发事实上预见并预演了哈贝马斯与罗尔斯后来围绕政治自主性所展开的争论。

值得注意的是，针对哈贝马斯和罗尔斯之间那场十多年之后仍然不断引起关注的对话，最近有论者在肯定哈贝马斯为克服私人自主与公共自主之间一直存在的等级秩序，论证两种自主性之间同宗同源共为基原之努力的同时，认为在哈贝马斯那里，公共自主确实预设了私人自主，但是商议性政治观并未证明私人自主性也预设了公共自主性。之所以说公共自主性预设了私人自主性，是因为"哈贝马斯虽然是自然权利理论的批评者，但他试图在公共商议的建制性前提中把人权确定下来。而这种建制性条件事实上正是在强调作为一种法律地位的人的概念和公民概念，这实质上仍然在延续现代自然权利的逻辑"[1]。之所以说哈贝马斯并未证明私人自主性预设了公共自主性，是因为哈贝马斯只是提供了"对公共自主性的一种功能性的论证，即公共自主性的运用有利于私人自主性得到承认和保护，但它并不能表明，私人自主性、人权的存在本身也依赖公共自主性的运用"[2]。在这位论者看来，与哈贝马斯的商议性政治观相比较，反而是罗尔斯关于高阶政治自主性的构想更好地解决了民主传统中自由与平等以及古今自由的调和问题，而这是因为把理性和合理性整合为相互性的"公共理性的

---

[1] 谭安奎：《自然权利的遗产》，商务印书馆，2018年，第209页。

[2] 同上书，第213页。

运用过程，其实体现的是平等的公共（政治）自主性"[1]，而且，"政治自由主义的特别之处在于，它并没有因为从政治自主性出发而导致压制私人自主性的结果"[2]，用罗尔斯自己的话来说，"公、私自主性的自由权在正义的第一原则中是并行给出的，而且并不进行等级排序"[3]。如这位作者所自陈的，对罗尔斯意义上的"高阶的政治自主性"的阐发乃是为了突破以主体性权利为依归的经典自然权利理论的逻辑困局，从而为所谓福利权奠定作为道德权利的根基，但与本文的论旨更直接和密切相关的则在于它在明确指出公共自主性背后的经典人权预设的同时，间接地提出了恰当评估"政治商议过程对任何实质结果带来正当性的道德力量"[4]这个对于我们重新审视哈贝马斯与罗尔斯之争至为重要的问题。

接续此前的相关论证，韦尔默在《人权与民主》一文中把哈贝马斯与罗尔斯之争称作基本权利的"自由主义"阐释与"民主"阐释之间的对抗。与此前关注哈贝马斯和罗尔斯共同所对和共同所错不同，韦尔默现在把焦点集中到他们的共同所对上："一方面，如果自由主义的（主观的）基本权利得不到保障，就不会有名副其实的民主讨论；另一方面，对自由主义的基本权利——民主参与权和福利分享权也一样——的阐释和具体化只有通过民主讨论而实现。"[5]虽然韦尔默与哈贝马斯同样认为，这里的问题在

---

[1] 谭安奎：《自然权利的遗产》，第 227 页。

[2] 同上书，第 228 页。

[3] John Rawls, *Political Liberalism*, p. 413, Columbia University, 1996.

[4] 谭安奎：《自然权利的遗产》，商务印书馆，2018 年，第 221 页。

[5] 韦尔默：《后形而上学现代性》，第 266 页。

六　再论第三种自由概念

于私人的自主和公共的自主之间的（论证）关系，而且明确指出："私人自主性和公共自主性的同源性衍生了基本权利和民主讨论之间特有的双重关系：民主讨论必须把基本权利设定为'其可能性的条件'，同时民主讨论又必须在具体的法律和制度架构下自己给出对基本权利的界定。"[1]但是韦尔默在这里并未进一步往前追溯两种自主性的同源性。倒是拉莫尔在直接评述哈贝马斯与罗尔斯的对话时明确指出："在推出共为基原的观念时，哈贝马斯心目中显然同样有一个更深刻的观点。这个观点就是，两个原则有一个共同的来源，而他相信这个来源就是一个共同体塑造它的政治生活的自主性。"[2]更为重要的是，从这种意义上的政治自主性作为现代政治规范的唯一合理来源的观点看，"权利和自治共为基原的观点是误导的"。[3]也正是在这个意义上，拉莫尔认为在哈贝马斯的政治自主性观念和罗尔斯对于政治原则的独立要求之间存在着惊人的相似性。

从这个视角和高度回看哈贝马斯和罗尔斯的对话中令人印象最深的两个争执点，一是哈贝马斯担心，在走出无知之幕的社会的公民生活中，公民们将无法重新点燃激进民主的余烬，对此论者或者可以一方面澄清"哈贝马斯的抱怨的宗旨与永久革命的要求甚少关联。相反，它关心的是我们应当具有的对我们的政治联合之基础的理解"[4]，另一方面强调，"虽然原初状态的设计是虚拟

[1] 韦尔默：《后形而上学现代性》，第267页。
[2] 拉莫尔：《现代性的教训》，第284页。
[3] 同上书。
[4] 同上书，第288页。

的，但公共理性所代表的高阶的政治自主性并不是一次性的或虚拟的，而是可持续的和实实在在的"[1]。二是罗尔斯在回应哈贝马斯关于两种自主性之相互预设和相互依赖的关系的论证中表现出将私人自主奠基在公共自主之上的倾向时所指出的："即使私人自主的自由权能够与政治自主内在地联系起来，并奠基在政治自主之上，那些自由权也并非仅仅奠基在那种联系中。"[2] 或许，对于罗尔斯把私人自主的自由权最终奠基于维护自由的背景文化的取向，哈贝马斯的如下论述恰恰构成了一种有力的补充和共鸣："民众的自发性是不能简单地通过法律来强制产生的；这种自发性产生于那些热爱自由的传统，并在一个自由的政治文化的种种联合体之中得以维持。"[3]

四

自由无疑是一个所谓有争议性的概念，政治哲学中的自由概念就更是集中体现了现代社会价值多元和冲突格局中的各种具有高度分裂性的政治和伦理争议。在当代政治哲学的脉络中，一般认为，伯林关于消极自由和积极自由的区分可谓政治哲学处理自由问题的一个构成性的，至少是参照性的框架。重要的是，关于

---

[1] 谭安奎：《自然权利的遗产》，第 236 页。

[2] John Rawls, *Political Liberalism*, Columbia University Press, 1996, p. 420.

[3] 哈贝马斯：《在事实与规范之间》，童世骏译，生活·读书·新知三联书店，2014，第 159 页。

六　再论第三种自由概念

自由概念的争议并非政治哲学中的飞地，毋宁说，它是被绑定在不同的政治哲学家对于根本的政治哲学问题的系统构想之中的。就伯林的思想框架而言，有的论者把两种自由的区分和价值多元论与一元论之争看作两个并列的主题，而实际上，这两个主题共同服务于伯林关于自由与归属的平衡这个总主题，在扩大开来的层面上，这个主题也可以被表述为个人自由与社会整合之间的平衡。在伯林的思想架构中，对积极自由之"消极"后果的指控，构成其捍卫消极自由的防御性论证，而对所谓价值多元论之价值蕴含的阐发，则构成其为消极自由辩护的正面论证。

伯林思想中消极自由与价值多元之间，既相互支持又相互侵蚀的紧张关系构成了后伯林的政治哲学启航的一个锚地，也可以说是自由主义政治哲学内外重大争议的一个重要渊薮，而其矛头所向，首先针对的仍然是伯林关于两种自由的辨析和诊断。正是在这样一个线索上，我们可以把泰勒关于消极自由的批评和卡特关于自由之价值的讨论看作从自由的内部问题和外部问题的视角把伯林所提出的问题加以深化的过程。也正是在这个意义上，我们可以把自由平等主义解读为，沿着伯林所敞开的问题域的开拓和展开。在此层面上，罗尔斯的基本自由权理论和佩迪特的无支配自由概念都可以看作把自由的内部问题和外部问题冶于一炉的尝试。虽然无支配自由所侧重的是公民自由形态的法权含义，但是佩迪特对这种自由之价值蕴含的论证同样诉诸行动者的能动性层面。无支配自由和基本自由权一样，一方面试图在传统上尽可能被价值中性化的自由之内部注入价值蕴涵，另一方面又努力在其试图综合平衡的多元冲突的价值理想之前保持中立和超然的立场。这其实就是沃尔德龙对无支配自由和基本自由权的比观中所蕴含的指向和结论，至少是其题中应有之义。

通过把以罗尔斯为代表的自由主义的自由观和以佩迪特为代表的共和主义自由观的争论重新引向康德对于消极自由的"主体间"定义，沃尔德龙实际上已经开启了政治哲学中的政治合法性的新一轮探究。一方面，沃尔德龙把当代政治哲学中围绕自由问题的争辩放到自由是什么、成为自由人意味着什么和什么样的社会才是自由社会这三个层次的区分框架中，这就把自由的概念问题伸展到整全的政治哲学主题和问题的场域中，这有点类似于后来霍耐特通过区分消极自由、反思自由和社会自由为一种新正义理论奠基的理论策略；[1]另一方面，重新引向康德对于消极自由的"主体间"定义又无可回避地回到了哲学和哲学史上围绕自主性问题所展开的旷日持久的论辩。如果说自由主义和共和主义政治哲学中关于自由问题的争论同样受制于"自由既是一种一阶价值又是一种高阶价值"所造成的理论困局，那么把关于自主性的讨论重新引入当代政治哲学则毋宁说是开启了探究政治合法性问题的一轮更高层次的理论自觉。正是在这个层面上，罗尔斯和哈贝马斯关于私人自主和公共自主之共为基原性的对话成了当代政治哲学争论的理论冠冕和终极标的。

对于这场其理论后果和效应一直从20世纪90年代延伸到目前的争论和对话，已经有从各种角度展开的讨论，我们在这里仍然

---

[1] 参见霍耐特：《自由的权利》，王旭译，社会科学文献出版社，2013年。

六　再论第三种自由概念

要强调的是，韦尔默在哈贝马斯的《在事实与规范之间》发表之前对哈贝马斯的共同体自由观的批评已经在某种程度上预示了哈贝马斯和罗尔斯的对话和争辩，而批判理论的后起之秀雷内·福斯特对于韦尔默所提出的平等自由权原则和交往合理性原则衍生自不同的规范来源这一主张的批评——福斯特认为这两种来源"在交互性和广义证成的原则中合二为一"[1]——反倒像是一种"事后诸葛亮"式的理论创获，虽然我们完全可以在此将其理解为对于前述那种商议性政治观并未证明私人自主性也预设了公共自主性之批评的间接回应。[2] 无论如何，作为哈贝马斯和罗尔斯共同的学生和学术继承人，福斯特关于所谓证成权利的讨论在多个维度上深化了哈贝马斯与罗尔斯的对话。就所谓私人自主与公共自主共为基原的论题而言，福斯特所强调的重点在于道德既不能被包含在法律与民主之下，也不能与它们严格对立起来，[3] 这种"辩证的观点"的要旨在于在道德、法律与民主之间采取一种更为均质的规范性观点的同时又不抹平其间的重要区分，[4] 这似乎既符合罗尔斯在《政治自由主义》之后更为实践的甚至更为实用的理论倾向，也可以被理解为是沿着哈贝马斯在法律与道德的关系问题上由从属性互补关系向同源性互补关系转变并由此继续前进的理论

[1] Rainer Forst, *The Right of Justification*, p. 304, Columbia University Press, 2012.

[2] 对此的进一步澄清和回应可见 Jürgen Habermas, *Postmetaphysical Thinking II*, Polity Press, 2017, pp.200-202。

[3] Rainer Forst, The Justification of Justice: Rawls and Habermas in Dialogue, in *Habermas and Rawls: Disputing the Political*, ed. By J. G. Finlayson and F. Freyenhagen, Routledge, 2011, p. 175.

[4] Ibid, p. 178.

步骤。[1] 说到底，这可以说是在以另一种方式践履拉莫尔曾经指出的自由主义政治哲学对于透明性理想的追求。

围绕哈贝马斯与罗尔斯之争这个晚近的政治哲学讨论中得到"复兴"的议题，还有的论者提出，曾经的这场争论，至少是对于它的某些解读，似乎过于聚焦于两种自由之间的竞技和平衡，而忽视了所谓内在自主性的维度，这种观点的关切在于，恢复哈贝马斯早期思想中与后来的自由主义转向形成对照的批判和解放的面向，甚至认为政治哲学的出发点不应该是合理分歧的事实（the fact of reasonable pluralism），而是非反思地顺从的事实（the fact of unreflective acquiescence）；[2] 也有的论者认为哈贝马斯与罗尔斯之争所体现的与其说是康德式的家族内部之争，还不如说是推进理性能动性传统的两种不同分支之间的家族相似，[3] 这就要求我们跃出自由概念的范畴，从意识形态批判和启蒙传统重塑的角度进一步考察这场对话和争论了。

---

[1] 参见林远泽：《论哈贝马斯交往理性建筑学的法权定位》，载应奇主编：《走出政治孤立：新法兰克福学派及其政治哲学转向》，浙江大学出版社，2018 年。

[2] C. F. Rostbøll, Emancipation or Accommodation? Habermasian vs. Rawlsian Deliberative Democracy, in *Philosophy and Social Criticism*, vol. 34 no. 7, pp. 707–736.

[3] James Gledhill, Procedure in Substance and Substance in Procedure, in *Habermas and Rawls: Disputing the Political*, ed. By J. G. Finlayson and F. Freyenhagen, Routledge, 2011, pp. 187–188.

七　人类尊严、人权谱系学与普遍主义问题

人类尊严概念相对晚出地成为人权观念的基础被援引和论证，这看上去是一种违反直觉的现象。从历史上看，至少可以追溯到古代晚期的人类尊严的概念要远早于近代的人权观念而出现，但是它之作为人权观念的根据和内涵在相关的人权宣言和文件中被宣称和辩护却被公认为二战以后的情形。晚近以来，人类尊严概念在人权理论中的地位和作用变得愈发重要，但它引起的理论上的问题也变得更为复杂和纠结。

在扩大开来的意义上，我们既可以说人类尊严概念之重新进入人权理论的奠基性事业，本身是由启蒙运动以来普遍主义的道德和政治哲学所遇到的挑战所引发的，它同时也在更深的层次上暴露和敞开了怎样在后启蒙的语境下处理普遍主义问题的全新的理论视域。考察在这条理论线索上的三位重要的德国哲学家和社会学家罗曼（Georg Lohmann）、哈贝马斯和约阿斯（Hans Joas）的相关工作，将有助于我们把握人权理论的最新进展以及所谓普遍主义问题面临的错综复杂的困难。

一

在当代人权理论家中，罗曼在将人类尊严重新确立为人权观念之基础和根据方面做出了突出的贡献。罗曼的工作主要有两个方面，一是从作为"社会想象"的人类尊严的视角，阐发了1945年后人权和人类尊严宣言的历史哲学意义；二是立足于这种历史哲学视野，系统地讨论了当代人权理论的诸难题。

所谓"社会想象"，也称作"根本想象"（radikale Imagination），这是罗曼从当代社会哲学家科内利乌斯·卡斯托里亚迪斯（Cornelius Castoriadis）那里借用来的概念。罗曼认为1945年之后《世界人权宣言》对人类尊严概念的全新定位，其现实背景是对国际人权政体的重新定义，而这种"历史性的新构想可以被理解为创造社会'根本想象'的历史事件"。[1]与卡斯托里亚迪斯对"根本想象"的阐述相类似，罗曼强调要从对历史经验做出反应，以及进一步加工已被制度化的观念意义这个解释学的角度来领会这种历史性的新构想中所包含的理解自身的冲动。从这个视角看，一方面，对于人类尊严概念的新解释，当然是对于纳粹专制和极权主义的野蛮所做出的反应；另一方面，"由'尊严'的思想史和概念史所引发，人类尊严这一崭新的、明文颁布的解释，最终作为一个自身不可继续推导和论证的价值取向而制度化，它自身成

[1] 罗曼：《作为"社会现象"的人类尊严：论1945年后人权与人类尊严宣言的历史意义》，载《当代国外马克思主义评论》第十辑，人民出版社，2012年，第346页。

为社会制度的辩护理由和体系准则"。[1]罗曼通过梳理尊严概念的复杂历史来落实"根本想象"论者所要求的对历史传承的概念进行重新解释的任务，又从施事行为（performativer Akt）和规范性起源的视角来理解人类尊严的绝对有效性。

如前所述，尊严概念具有比人权概念更早的起源，但是按照罗曼的分析，历史上的尊严概念可以从一般的和特殊的两个维度去把握。虽然这两种概念的"尊严"都包含一种自由的和自我决定的状态，但是从斯多葛派到康德的一般尊严概念基于人在宇宙中的位置、理性能力、创造力以及与神的相似性论证人的一般尊严的构想，而且，这种尊严概念"仅与相应的义务（对自己、对他人或者对授予尊严的机构）联系在一起，而没有相应的权利"；[2]而特殊尊严的构想则往往与一个特殊群体里的特殊地位和等级联系在一起，从而经常可以被理解为荣誉和特权。罗曼认为，虽然两个概念传统中的各种构想并行不悖、互不影响，但是启蒙运动以来自由和平等的价值取向使得特殊尊严的构想"面临着自我辩解的压力"，而经过启蒙理念洗礼的尊严概念依然"直接与对自己和他人的义务相关，而不再是权利的载体"。[3]

按照罗曼的分析，无论一般的尊严概念，还是特殊的尊严构想，都没有能够成为权利和人权概念的基础。真正内在地蕴含权利的是1945年以后出现在《世界人权宣言》和《德国基本法》中

---

[1] 罗曼：《作为"社会现象"的人类尊严：论1945年后人权与人类尊严宣言的历史意义》，载《当代国外马克思主义评论》第十辑，人民出版社，2012年，第346页。

[2] 同上文，第348页。

[3] 同上文，第349页。

的人类尊严概念。这是历史上第一次有理有据地把人类尊严概念与权利的理念联系在一起，也是前述"社会想象"的根本内涵，罗曼甚至认为"我们必须将这一历史新开端理解为人类重获历史自主权的时刻"。[1]

罗曼注意到，这里被援引的尊严概念实际上是一个"开放的概念"，既可以从神学角度理解，也可以从哲学的角度理解，还可以从伦理的角度理解，于是人类尊严就成了一个"未经解释的命题"。但是同时，罗曼之所以引用相关法律文件及其解释中所总结出的人类尊严概念的基本要素，主要是强调，人类尊严概念并不是作为一个伦理哲学概念，而是作为一个法律概念取得目前的突出地位的，就是说，人类尊严概念"所创立和论证的并非道德义务，而是人权和与之相应的法律义务"，[2]而这就关涉罗曼对于人类尊严构想的独特论证策略。

罗曼的论证"以由宣言开启的、经制度化希望的并且公开作为法律基础所生效的人类尊严的规范化解释为支撑"，[3]而他之所以要强调人类尊严概念不是一个伦理哲学概念，而是一个法律概念，其着眼点就是为了与传统的援引"自然"或"理性"的合法性论证策略区分开来。提出这种其核心内容为规范性起源和合法价值准则的论证策略，主要是为了从人类尊严作为法律概念的施为特

---

[1] 罗曼：《作为"社会现象"的人类尊严：论1945年后人权与人类尊严宣言的历史意义》，载《当代国外马克思主义评论》第十辑，人民出版社，2012年，第346页。

[2] 同上文，第352页。

[3] 同上文，第356页。

征，来缓解作为绝对有效的价值的人类尊严与作为人类希望的人类尊严之间的张力。在当下的语境中，这个施为特征就意味着，"世界上的所有人都以同样的方式被视为人权的承受者和创作者，承认他们的人类尊严，就必须赋予他们人权"。[1]

回到"社会想象"的定位，罗曼从历史哲学的角度和高度探讨了人类尊严作为人权的基础这一方案所蕴含的历史意识与经典历史哲学的进步意识之间的异同。所同者在于，关于人权的话题中所显露的历史进步意识虽然不再要求和认可绝对的明确性，但它仍然必须为重实效的进步希望设置前提；所异者在于人类尊严的方案受情绪感染的矛盾特征，而主要体现在康德和他的继任者哈贝马斯那里的用人类先天的理性能力加以支撑的进步论方案越来越暴露出其种种不足。就此而言，以人类尊严为基础的人权政体方案仍然笼罩在一种自相矛盾的历史意识当中，也是在这个意义上，"'人类尊严'是一个清醒的词，是对无所约束的进步以及过于乐观的人类潜能的急刹车"。[2]

的确，哈贝马斯既是罗曼在人权理论上的同道，也是其主要的对话者。从理论源头的层面上，罗曼把哈贝马斯的人权论放到从康德、黑格尔到马克思的理论传统中加以定位；从理论效用的层面上，罗曼把哈贝马斯的人权论放到当代关于民主化和普遍主义问题的语境中加以阐发，并在此基础上提出了他对于人权和普

[1] 罗曼：《作为"社会现象"的人类尊严：论1945年后人权与人类尊严宣言的历史意义》，载《当代国外马克思主义评论》第十辑，人民出版社，2012年，第347页。

[2] 同上文，第362页。

遍主义问题的观点。

在追溯一般的尊严概念和特殊的尊严概念的渊源和演化时，罗曼曾经指出，法国大革命以来，尤其是 19 世纪以后，追求"符合人类尊严的生活"的社会诉求，在大多数情况下是以否定的形式来抗议那些与人类尊严不符的生活条件。罗曼从人类尊严的角度对马克思和社会主义人权观的讨论，也是在这条线索上展开的。罗曼探讨了康德对马克思的影响，他认为马克思保留了康德从规范性方面对所有人的尊严的平等承认，同时又批判康德的每个人的平等尊严的概念过于抽象和片面；相应地，与把屈辱作为资本主义批判的总括性范畴相联系，马克思探讨了符合人的尊严的劳动和生活，他坚持认为符合人的尊严的生活是通过劳动而实现的。但是罗曼在这里发现了一种过度扩展劳动概念的倾向。与之相对，罗曼赞同哈贝马斯的劳动和交往范式，并通过从中引申出社会权利概念，来充实符合人的尊严的生活方式，但他同时又认为，在人权和人类尊严的关系问题上，哈贝马斯实际上继承了马克思采用的那种否定性的方法，就是说，"人的尊严的普遍要求是以间接和否定的方式得到辩护的"。[1]

二

在某种程度上，哈贝马斯的法哲学巨著《在事实与规范之间》

---

[1] 罗曼：《论人权》，李宏昀、周爱民译，上海人民出版社，2018 年，第 65 页。

就是一部关于权利和人权的著作，但耐人寻味的是，至少从字面上看，人类尊严并非哈贝马斯权利体系建筑术的概念基石。一直要到《人的尊严的观念和现实主义的人权乌托邦》一文中，哈贝马斯才系统地回应了人类尊严与权利和人权之间的关系，从而真正完成了他的权利概念建筑术。

哈贝马斯开门见山地指出了与罗曼所面对的同样的现象，只不过他的刻画似乎更有"历史感"：一方面，人类尊严的概念在古典时代就已经出现，并在康德那里得到了经典的表述，但它一直要到第二次世界大战结束后才进入国际法文本和一些民族国家的宪法；另一方面，法学中对"人的权利"的谈论要远远早于对"人类尊严"的谈论，哈贝马斯把这种现象称作两者之间的"时间上的不对称性"。这种不对称性无法消除，但哈贝马斯试图运用其概念建筑术在其间做出某种调和。他反对那种认为人类尊严仅仅是在事后对人权概念进行"道德填载"的观点，而是主张两种观念之间从一开始就存在紧密的概念联系。这种联系表现为，一方面，"人权始终只能从独裁、压迫、侮辱的对立面产生……对人权的诉求，有赖于从被侮辱者对损害其人的尊严的愤怒而获得生机"[1]；另一方面，"'人类尊严'是所有基本权利的内蕴都从中汲取养料的道德'源泉'"[2]。

如前所述，哈贝马斯继承了马克思在论证人类尊严与人权关

---

[1] 哈贝马斯：《人的尊严的观念和现实主义的人权乌托邦》，译文载《哲学分析》2010 年第 3 期，第 2-3 页。

[2] 同上文，第 3 页。

系上的否定性方法，他将两者之间的关系转而表述为人类尊严具有"发现"人权的功能，当然这里的人类尊严是基于被损害的经验来界定，或者说具体出场的。哈贝马斯还从这个角度来解释基本权利的不可分割性，从而进一步落实他一开始提出的人格尊严是对规范上富有内蕴的基本观念之表达这个更强的论点。更为重要的是，哈贝马斯在这里实际上是要强调人格尊严具有把"对任何人同等尊重的道德与实定法，与民主立法联系起来"的关键性作用。

完成了上述"外围"论证，哈贝马斯进一步深入到人类尊严在从道德义务到法律权利的视角转换中所起的作用这个问题上来。因为只有回答了这个问题，才能完成从动力学到建筑术的过渡，当然，按照哈贝马斯的构想和旨趣，他是试图把动力学的维度内化在建筑术之中的。

哈贝马斯曾经在他的《京都演讲》中指出，希腊和希伯来的结合对于西方文明既是一种偶然，也是一种幸运。在近代基本权利体系的诞生过程中，也出现了这种"既是偶然也是幸运"的"结合"。用哈贝马斯的话来说，一方面是"内在化的、植根于主体良心之内并有着理性根据的道德"[1]，另一方面是强制的、实定的法律。前者在康德那里退回到了理智领域，后者可以而且事实上"服务于专制主义的君主和古老议会的等级代表会议"。[2] 正是通过以人类尊严概念为枢纽的联结，才实现了哈贝马斯的权利体系所核心关切的从道德义务到法律权利的视角转换。

---

[1] 哈贝马斯：《人的尊严的观念和现实主义的人权乌托邦》，第6页。

[2] 同上文，第6页。

七　人类尊严、人权谱系学与普遍主义问题

　　就道德义务和法律权利的界定而言，哈贝马斯重申了康德在《道德形而上学》中对道德与法律关系的观点。哈贝马斯所强调的是上述过渡中的一种"为了自我决定而自我授权"的行为，"从理性道德到理性法的过渡，要求这样一种视角转换，即从重视和尊重每个他者之自主的对称重叠视角，转换到主张承认和尊重他人的从其各自方面来看的本己的自主"。[1] 正是在这种视角转换后重新主张的这种承认，从其内涵上超出了负责任的行动主体间的道德承认，从其起源上其实是脱胎于与成员资格甚至荣誉体系相联系的"尊严"。

　　尊严概念要助推从道德义务到法律权利的转换，就必须从与地位相联系的复数形式转换成与承认相联系的单数形式，而这种普世化的尊严只能植根和锚定在对每个人一样的公民地位之中，于是，"人类尊严的概念把对每个人同等尊重的道德内容，转到了公民的地位秩序上，从这一点出发这些公民们获得他们的自尊，即他们被所有其他公民承认为平等地拥有可起诉权利的主体"。[2] 当然，概念的视角转换既不是一种单纯的视角转换，更不仅仅是在概念上完成的。在这里，哈贝马斯所强调的是，这种"转换"只有在宪制国家的框架内才能完成。在此语境中，人类尊严已经完全转化为一个现代法律概念，"公民要作为法律的承受者而出现，仅仅是在享受着这些保护他们人的尊严的权利的时候，在他们共同致力于创立和保持一种基于人权的政治秩序的时候"。[3]

---

[1] 哈贝马斯：《人的尊严的观念和现实主义的人权乌托邦》，第 7 页。
[2] 同上文，第 7 页。
[3] 同上文，第 7 页。

如果说人类尊严概念作为所有基本权利的内蕴从中汲取养料的道德"源泉"是实现从道德义务到法律权利之视角转换的动力，那么哈贝马斯的权利体系建筑术却仍然只有通过在康德那里瓜熟蒂落的自主性概念才能臻于完备。这是因为，正是这种自主性才能把单个人的价值和人的绝对价值冶于一炉，这里的单个人的价值是相对于哈贝马斯所谓集体普遍化而言的，人的绝对价值则是与人类相对于其他物种的较高价值以及人类中单个成员的较高价值而言的。哈贝马斯以此来说明何以在康德的实践哲学中人类尊严并不具有体系上的关键价值，而是自律的道德哲学阐释承载着奠基的重任。

哈贝马斯承认，《在事实与规范之间》有两个疏忽：第一，在尊严伤害方面所累积的经验，构成了 18 世纪末在历史上不占优势的立宪实践之道德动因的源泉；第二，由地位产生的对他人尊严的社会承认提供了一座概念上的桥梁，沟通着对任何人同等尊重的道德内容与人权的法律形式。[1] 在对人类尊严与人权之间的关系进行了系统的和概念史的考察之后，哈贝马斯现在强调的是，人权从普遍主义和个体主义所理解的人类尊严的源泉里汲取以实定法语言表达出来的道德内涵的过程，是与剥离了身份内涵的本体自我一起发生的，但是恰恰是这种身份内涵"才使人类尊严有资格成为道德和人权之间的历史联结环节。然而，人权的法律特性的要点在于，它们所保护的那种人的尊严，却是从时空中的某个身份——恰恰是民主公民的身份——中获得其自尊和社会承认的

---

[1] 哈贝马斯：《人的尊严的观念和现实主义的人权乌托邦》，第 5 页。

内涵的"。[1]

　　前面说过，对人类尊严与人权之间关系的一种系统的和概念史的考察，帮助哈贝马斯完成把权利体系的动力学转化成权利体系的建筑术的宏伟工程，或者倒过来说，这种考察为权利体系的建筑术补足了动力学的环节。但是，正如哈贝马斯自己也承认的，人权所界定的只是启蒙道德中"能够被转译成强制法律媒介，并以有效力的基本权利的坚实形态而成为政治现实"[2]的部分，权利体系的动力学必定会逸出权利体系建筑术的"藩篱"和"框架"，特别是依靠"为了自我决定而自我授权"为其合法性背书的人权实践迄今为止主要限定在民族国家框架之内的背景和前提下。哈贝马斯所谓"现实主义的人权乌托邦"就是在这种语境下提出来的。一方面，哈贝马斯有些乐观地认为像卡尔·施密特那样完全拒绝人权纲领已经不是现实主义的了；另一方面，哈贝马斯认为现在需要警惕的是"对人权的一种温和的紧缩。这种新的最简主义（Minimalismus）缓和了局面，以此而把人权与它的本质上的道德动力，即对任何人的平等的人类尊严的保护，分割开来"。[3]显然，以这种方式，哈贝马斯再一次确认了权利体系的动力学维度的必要性和重要性，因为说到底，只有这种动力学，才能让我们对道德和法律的那种"爆炸性结合"保持一种"能动的理解"。[4]

---

[1] 哈贝马斯：《人的尊严的观念和现实主义的人权乌托邦》，第9页。

[2] 同上文，第5页。

[3] 同上文，第11页。

[4] 同上文，第62页。

三

在《在事实与规范之间》及其附录《公民身份与民族认同》中，哈贝马斯曾经援引英国社会学家 T. H. 马歇尔结合资本主义现代化过程对公民权利的扩展和包容的研究，马歇尔论证了西方社会的公民地位在过去二三百年间沿着市民权利、政治权利和社会权利这个顺序得到不断的扩大和巩固。除了指出把公民权利的扩大看作社会进化之成果的理论框架过于狭窄，哈贝马斯尤其担心的是，"这幅线性进步图景的根据，是一种不过问自主性是增加还是丧失的描述"。[1] 哈贝马斯提醒社会学家们要对私人自主性和公民自主性的扩大与福利国家中的家长主义的常态化之间的张力保持敏感。但是，颇有意思的是，晚近对于哈贝马斯的权利建筑术的一种犀利的批判，恰恰是由社会学家，也是哈贝马斯的同胞，汉斯·约阿斯提出来的。与哈贝马斯的权利建筑术相对，约阿斯把他的以探讨人类尊严与人权之间关系为核心的理论称作肯定的人权谱系学。

约阿斯把所谓肯定的人权谱系学的任务清晰地界定为"'将康德与尼采合在一起进行思考'，并由此克服起源与有效性之间的沟壑"[2] 的一种"非康德亦非尼采"的实用主义和历史主义的理论谋划。约阿斯把哈贝马斯和福柯认定为 20 世纪最重要的两位思想家，

---

[1] 哈贝马斯：《在事实与规范之间》，童世骏译，生活·读书·新知三联书店，2014 年，第 94 页。

[2] 约阿斯：《人之神圣性：一部新的人权谱系学》，上海人民出版社，2017 年，第 177 页。

从这个角度，他引用冯克（Peter Fonk）"将康德与尼采合在一起进行思考"的表述而将自己定位为"非康德亦非尼采"的肯定谱系学实际上就是"将哈贝马斯与福柯合在一起进行思考"的一种"非哈贝马斯亦非福柯"的理论方案。

在康德与尼采之间思考，或者在哈贝马斯与福柯之间思考也就是在起源与有效性之间思考，而约阿斯恰恰是把他的人权的肯定谱系学定位在由起源与有效性所支撑起来的思考框架中的，他把这种路径称作"一种将根据的论证与历史的反思结合起来的特定的方式"。[1] 约阿斯这种"历史导向的社会学"试图成为哲学与历史学两端的一个"合适的中间者"。一方面，他"并不相信一种对最终价值给出纯粹理性的合法性说明的可能性"；另一方面，之所以担忧放弃理性的最终根据，就会为历史的或文化的相对主义打开方便之门，原因就在于那种把起源与有效性之间明确区分开来的思维定式。

正是在这个意义上，相对于哈贝马斯和阿佩尔那种主要与认知和规范有关的有效性要求的理性商谈模型，约阿斯提出了价值的交往（商谈）模式。规范商谈的模型无法回答是什么东西激发我们投入商谈以及为什么我们有义务遵循商谈的结果。其实哈贝马斯自己就承认，"在价值的情况中，起源问题和有效性问题，不可能像在所谓认知和规范的有效性要求的情况中有可能做到的那样如此严谨地区别开来"。[2] 但是哈贝马斯关于价值的特殊性预设

---

[1] 约阿斯：《人之神圣性：一部新的人权谱系学》，第 177 页。

[2] 同上书，第 231 页。

使得他无法开启价值的交往模式，这其实仍然是受制于他在起源与有效性之间的截然二分。

约阿斯从价值约束、价值否定和价值判断三个方面简要论述了价值的交往模型，但是价值的交往模型同样具有一种施为特征，这就是说，与其抽象地谈论价值的交往模式，不如具体地示例一种价值的交往范式，约阿斯在《人之神圣性》中提出的人权的肯定谱系学就是在这种意义上对价值的交往模型的一种"实践"。

这里的关键仍然在于，起源所支持的叙事逻辑与有效性以之为根据的理性论证在价值产生和发展的历史中是以一种特殊的方式交织在一起的。相对于尼采，约阿斯强调这种价值的谱系学是肯定的。在这里，谱系学所指的是"它将自己彻底从一种客观目的论冥思的设想中解放了出来"[1]，就此而言，所谓谱系学的就是指具有偶然意识的；所谓"肯定的"，首先是指对过去的重构，而不是解构，但是同时，"应当被称作肯定的并不是这种对当下实施状况的赞同，而是赞同历史中形成的理想之呼吁，乐意实现当时已产生的甚或据称当下有效的价值"。[2] 就理性的论证而言，约阿斯把普遍的神圣化过程和特殊的人之神圣化作为论证人类尊严之为人权奠基的根据。在这里，约阿斯一方面引用涂尔干对于人之至上性和神圣性的论证，通过这种论证，"在康德那里也许只是作为概念直觉瞬间闪现而且无论如何并非不证自明的东西，在涂尔干那里却成了他继续展开的宗教理论以及把人本身看作现代社会的

---

[1] 约阿斯：《人之神圣性：一部新的人权谱系学》，第163页。

[2] 同上书，第164页。

一个神圣客体这个观念的出发点"；[1]另一方面肯定哈贝马通过对康德的动机进行交往理论的转换，承认"理性促动引发的道德的力量过于微弱，于是越来越强烈地产生'通过绝对必要的实证法来补充那只是微弱促动的道德的必要性'"。[2]

约阿斯的肯定的人权谱系学还有两个子课题，一是通过重新阐明人类尊严和人权概念与基督教传统以及启蒙运动的关联，为人权的普遍主义奠基；二是通过讨论对于《世界人权宣言》的诸种解读，示例一种人权原则的普遍主义实践。

在前一个课题上，约阿斯一方面引用耶利内克的观点，例如不可高估自然法与人权之间的连续性，强调人权宣言的基督教根源，并"将耶利内克的著作解释为一种走出历史主义与自然法学之间争论这一绝境的尝试"[3]，这个尝试的一个重要的理论蕴含是，个人权利观念的起源问题与有效性问题既要分离开来，又不能对立起来，这就意味着，用约阿斯的话来说，"即使洞察到各价值产生的历史偶然性，也要维护普遍的有效性要求"[4]；于是另一方面，约阿斯在人类尊严和人权与基督教传统以及启蒙运动的关联问题上得出了一种独特而有想象力的观点，"如果说人权虽然可以回溯到基督教等各种文化传统但却使这些传统处于新型的表达压力（Artikulationsdruck）之下，那么像普遍的人类尊严这样的价值和像人权这样的权利，就无法'被羁押'（eingesperrt）在某个传统之

---

[1] 约阿斯：《人之神圣性：一部新的人权谱系学》，第67页。

[2] 同上书，第123页。

[3] 同上书，第25页。

[4] 同上书，第26页。

中"。[1] 显然，从效果历史来看，这个观点是对于耶利内克关于宗教信念位于人权之政治个人主义之开端处和韦伯关于这些宗教信念由于启蒙运动而不再作为普遍现象出现这两种前后相继的历史命题的综合，而用来综合这两个命题的仍然是约阿斯关于人权史就是一部人的神圣化的历史这个最为核心的思想。

在后一个课题上，约阿斯结合对于《世界人权宣言》文本形成过程的分析，驳斥了在《宣言》产生和解读上的若干误解，例如这部宣言完全应被看作是对犹太人大屠杀的反应，宣言的拟定是由美国、英国和苏联三个强国承担的，宣言有一个明确的作者，以及美国在其中的首要作用，如此等等。约阿斯逐个反驳了这些误解，例如，约阿斯引用雅克·马利坦（Jacques Maritain）的话，通向目标的道路"并不以共同思辨的观念，而是以共同实践的观念为基础"[2]，认为马利坦所指出的这一点尤其重要，正是基于此，"在宣言的文本中没有援引上帝或者任何具有丰富规范性内容预期的自然概念"，[3] 虽然这并不意味着在普遍宣言中不允许宗教的根据，但就此而言，宣言是"混合的综合体"，是"许多想法、利益、背景假设、法律体系和意识形态信念在其中各自起决定性作用的动态过程"，[4] 这种对价值普遍化过程的刻画又容易让人联想起罗尔斯所谓在不同整全性学说之间的"重叠共识"。总的来说，约阿斯论证的重点在于指出"这份文件尤其清楚地表明了其作为价

[1] 约阿斯：《人之神圣性：一部新的人权谱系学》，第 8 页。

[2] 同上书，第 245 页。

[3] 同上书，第 245-246 页。

[4] 同上书，第 246 页。

值普遍化之结果的这个特征",[1]其论据中既有坚硬的历史事实,又有精巧的解释策略,再一次体现了在起源和有效性之间的"反思平衡",也在某种程度上与罗曼从社会想象角度所阐发的这部宣言的"施为"特征相互呼应,是一种为价值普遍化重新奠基的努力。用约阿斯的总结陈词来说,"一部人权的肯定谱系学在历史分析中必须考虑价值、制度和实践方式这三个维度,以及这三个维度的相互作用;它如今必须指向所有这些维度以及在它们相互作用中理想实现的机会与危险"。[2]

四

罗曼、哈贝马斯和约阿斯对人类尊严和人权概念以及人权谱系学的论述都指向了在当今这个后启蒙的多元主义时代最为棘手的普遍主义问题。在某种程度上,这三位德国理论家对这个问题的处理以既互相区别又互相关联的方式构成了当代普遍主义论述中具有家族相似特征的理论"谱系"。

在罗曼那里,普遍主义问题是在人权的普遍化和文化具体化的论域中处理的。他反驳了三种怀疑普遍主义人权的立场,一种是一般意义上的文化相对主义怀疑论,第二种是特定的文化相对主义论点,第三种立场则把矛头指向人权的普遍贯彻力。针对这些怀疑,罗曼把相关的争论拓展到普遍主义与特殊主义、相对主

---

[1] 约阿斯:《人之神圣性:一部新的人权谱系学》,第242页。
[2] 同上书,第173页。

义与绝对主义的框架中，提出了他所谓对普遍主义人权的相对辩护，而这是基于"现代道德和人权的普遍主义只能是相对的，而且它应当以这种方式被构思和确立"。[1]

普遍主义人权观对于人权之为普遍、平等、个体和绝对权利这一规范性主张的证明必须基于这样一个事实，那就是，一种够格的普遍主义人权观需要一个高度尊重人类个体审慎的自我决定的文化预设。虽然从事实的层面，并非所有文化都具备自我决定的个体或主体概念，但是罗曼仍然认为人权的普遍正当性与文化相对性预设是可以相容的，这是因为"和人权相关的义务仅仅是康德意义上的法律义务，仅限于外部可强制的他人的行为举止，它们既不包含针对自身的义务也不包含与内在态度及信念有关的内在责任"。[2] 在这里，罗曼所强调的是要避免对人权之法律特性的道德化误解，"人权所伴随的义务的首要适用对象当是国家及特定的国家代表——起码在国家的人权观中情况是这样"。[3]

罗曼对于普遍主义人权的相对辩护还试图重构康德所谓尊重的道德，并引入作为形式化的、开放式的判断原则的公平原则，从而得出，"在种种文化上相异的道德概念中，起码就某些领域而言，道德上正确的可以被理解为在公平的意义上正确"。[4] 通过公平性所蕴含的平等尊重和平等考虑这种所谓弱相对主义道德概念所致力于寻求的不同道德概念之间的最大程度的一致，试图将特

---

[1] 罗曼:《论人权》，上海人民出版社，2018 年，第 115 页。

[2] 同上书，第 12 页。

[3] 同上书，第 13 页。

[4] 同上书，第 117 页。

殊主义道德内在地传达为普遍主义道德。

在这里，有必要引入在价值普遍主义、文化普遍主义和道德普遍主义之间的区分。[1] 所谓价值普遍主义，是指把某种（些）价值当作适用于每个人的主张，例如有学者认为这种普遍原则在西方的代表是"公平"的概念，在中国的代表是"仁"（"理"）的概念；所谓文化普遍主义，则强调不同文化有普遍的、共同的价值预设，价值普遍主义一定蕴含在至少某个价值上对不同个人而言的平等主义，而文化普遍主义是否蕴含着平等主义则要看被认为具有普遍性的文化是否蕴含着对个人而言的平等主义；而道德普遍主义是一种"特殊的"价值普遍主义，是指诉诸一种强调而不是忽视人的自主性的价值普遍主义，也就是前述罗曼所提出的"高度尊重人类个体审慎的自我决定"的价值普遍主义，就此而言，它似乎可以说既是一种价值普遍主义，也是一种文化普遍主义。洛克、康德、罗尔斯和哈贝马斯都是这种道德普遍主义的代表，而哈贝马斯则把它表述为"平等主义的普遍主义"，按照他的说法："这种普遍主义要求的是对每个人各自的视角的非中心化。它要求我们将自己的观点根据享有平等地位和权利的他者们的意义视角而加以相对化。"[2] 哈贝马斯正是基于这种平等主义的普遍主

---

[1] 这里及以下关于价值普遍主义、文化普遍主义和道德普遍主义的定义及其区别与联系的讨论参见童世骏：《为何种普遍主义辩护》，载于《学术月刊》，2007年第5期。

[2] 同上文。

义处理人权的文化间性的。[1]

　　虽然并未使用价值普遍主义、文化普遍主义和道德普遍主义的区分，约阿斯对普遍主义问题的讨论却完全是在这种自觉的区分意识的层面上展开的，这一点尤其表现在他对罗蒂和哈贝马斯的批判与调和之中。约阿斯分享了罗蒂对于不同哲学基础性根据在人权史上的作用所抱持的怀疑态度，但他并不像罗蒂那样认为理性－论证式阐释的理由不可能超出确定的文化语境的界限之外发挥它们的论证力量，而是用一种特定的超越语境的叙事与论证的交叉来为所谓"肯定的谱系学"奠基。[2] 约阿斯分享了哈贝马斯关于在价值的情形下，起源问题与有效性问题不可能像在认知有效性和规范有效性的情形下那样严格地区别开来的洞见，但是相对于哈贝马斯，约阿斯又试图提出一种其实是指向价值的普遍概念的所谓价值的交往范式，以此弥合商谈伦理学和政治哲学在规范与价值之间设置的鸿沟。从这个角度，当约阿斯宣称他的立场"绝不是一种对道德普遍主义和法律普遍主义的相对主义的拒绝，而是一种自我反思的、对语境敏感的普遍主义，和一种伦理上得到反思的价值多元主义"[3] 时，这里的"价值多元主义"在最终的意义上可以替换为"价值普遍主义"。就此而言，在约阿斯那里，

---

[1] 哈贝马斯:《论人权的文化间性》，载《哈贝马斯精粹》，曹卫东选译，南京大学出版社，2004 年；亦题作《关于人权的跨文化的讨论》，载《哈贝马斯在华讲演集》，中国社会科学院哲学研究所编，人民出版社，2002 年。

[2] 参见约阿斯:《人之神圣性:一部新的人权谱系学》，高桦译，上海人民出版社，2017 年，第 177 页。

[3] 同上书，第 6 页。

价值普遍主义、文化普遍主义和道德普遍主义其实是"三位一体"的，只不过它们同时又是相互脱钩的，所谓"脱钩"在这里是指它们之间并没有相互推导和蕴含的关系，这应该也是所谓"肯定的谱系学"的题中应有之义。

说到底，约阿斯的真正英雄似乎是特洛尔奇，而最好地表达了约阿斯对普遍性之理解的也仍然是他所援引的特洛尔奇的这番话：

> 一切真正的普遍性不是对人类来说的有效性，它不使人类这个观念成为可能，也不是那自主的、合理的、被解放否定或被启蒙的理性之处处相同的作品，而是从个别特殊的形式出发的全体生命向前推进的活生生的力量。这股力量将自己的理性本质建立在与那神性的生命意志之基本方向的内在一致这个基础上。而这个基本方向是通过直觉被领会到的，并从历史中被预料到的，是依比较并在实际冲突中经受考验和得到深造的。[1]

---

[1] 转引自约阿斯：《人之神圣性：一部新的人权谱系学》，第 165-166 页。

八　自由主义历史与理论三题议

　　作为一种现代性的政治理论，自由主义政治哲学始终面临着怎样说明其所置身和回应的历史境遇与其承诺和证成的规范内涵之间的关系这个错综复杂的问题。这个问题不但关涉到怎样从根本上区分自由主义、社会主义和保守主义这三种现代性的政治哲学，扩大开来说，自由主义传承的历史谱系，20 世纪 80 年代之后的自由主义、社群主义与共和主义之争，以及所谓后自由主义语境中的自由主义的理论基础和价值根基的问题，都可以在这个根源性问题的视域中得到重新透视。

　　相应地，这里拟集中讨论自由主义历史与理论中的三个重大议题，一是自由主义的历史书写以及自由主义的历史谱系的问题，二是从整体论个人主义的视角来透视 19 世纪以来自由主义政治哲学的重要争论以及把整体论的个人主义看作自由主义、社群主义与共和主义之争的理论成果和出路的问题，三是从后自由主义的语境中重新理解和把握自由主义的理论基础和价值根基的问题。

一

　　和分析哲学一样，自由主义政治哲学经常被指责缺乏历史意识，如果把这种指责解读为历史性的要素怎样在自由主义的政治哲学思考中发挥作用的问题，那么它就相当于提出了我们一开始就指出的怎样说明自由主义的历史境遇与其承诺的规范价值之间关系的问题。但是如果像早期分析哲学曾经受到的责难那样，把所谓自由主义缺乏历史意识了解为自由主义忽视自身历史的研究，那就是一种重大的误解和偏见，虽然这并不是要否认自由主义历史研究中固有的难题。

　　早在 1960 年发表的《自由主义及其历史》一文中，沃格林（Eric Voegelin）就对自由主义的历史境遇以及自由主义对历史境遇之回应中的尴尬处境作出了入木三分的刻画。沃格林首先回顾了三种有代表性的自由主义历史研究，他同意慕尼黑历史学家弗朗茨·施纳贝尔（Franz Schnabel）关于必须在 19 世纪的反动、复辟、保守主义、社会主义等相互竞争的语境中才能描述自由主义的类概念（type-concept）的观点，这是因为"自由主义并不是独立的现象，它的本质只有在它和其他现象的对峙中才能被充分描述"；[1] 他援引了约瑟夫·莱克勒（Joseph Lecler）关于自由主义的态度如何从宗教冲突中产生的历史，这种研究把自由主义的开端追溯到宗教战争中产生的对宽容的渴望；他引证弗里德里希·希

---

[1] 沃格林：《自由主义及其历史》，译文载《复旦政治哲学评论》，第八辑，上海人民出版社，2016 年，第 6-7 页。

尔（Friedrich Heer）所提供的一条重要的精神史线索，这条线索从16世纪初伊拉斯谟时代的启蒙运动一直延续到当代。这种进路刻画了一幅世俗的政治运动画面，并且把自由主义产生的历史表述为"不停地在革命和反动之间，在萦绕欧洲的政治运动的左翼和右翼之间确立一种自由主义秩序的历史"。[1]沃格林肯定这三种研究进路"围绕自由主义被赋予其意义的语境，远远超出了人们根据密尔所表述的古典自由主义而得到的普通理解"。[2]

在自由主义及其历史这个议题上，沃格林的基本想法在于："自由主义之所以会发生变化，是因为它不是一组关于政治现实的永久有效的科学命题，而是一系列政治意见和政治态度，这些意见和态度在刺激它们产生的语境中拥有最恰当的正确性，但随后就会被历史所超越，并被要求革命地对待新的境遇。"[3]在沃格林的自由主义历史图像中，他所呈现的最重要的两个"境遇"，一是西方的革命运动，二是第二次世界大战。就前者而言，正因为自由主义是西方革命背景下的一种政治运动，因此其含义是随着革命运动的各个阶段而变化的。最初作为一个自由主义立宪党派的名称，其含义主要在于反对复辟。从1810年到1820年之间，自由主义、保守和复辟这三种符号都出现了。作为对革命现象的三种反应模式，其"意义是通过它们与革命的关系被确定的，因此只有在这种语境中，革命、复辟、保守主义和自由主义这四种标

---

[1] 沃格林：《自由主义及其历史》，第7页。

[2] 同上书，第7页。

[3] 同上书，第8页。

签才能得到理解"。[1] 沃格林进一步从自由主义与保守主义相对于革命的位移关系以及美国政治词汇中"自由主义"的特定含义说明，"在历史进程中，这些运动的各种要素都在彼此联系着向前发展，并且不断改变它们的含义"。[2] 就后者而言，沃格林认为二次大战以降，自由主义所发生的最引人瞩目的变化乃是"被革命所超越的自由主义者变成了保守主义者，而保守的天主教组织在相当程度上对自己进行了自由主义改造……（于是）老派的自由主义者们转向了右翼并且变得保守起来，有时还带有明显的基督教色彩"。[3]

似乎是秉承着诺斯替主义的旨趣，沃格林一反流俗之见，从自由主义政治哲学中洞察到永久革命的趋向，"因为自由主义中同样存在一种关于末世论的最终状态的非理性因素，一种社会通过自身的理性方法（在不引起暴乱时）产生永久和平的条件的非理性因素"。[4] 沃格林的革命运动三波论难免让人联想到施特劳斯的现代性的三波论，而从政治、经济、宗教和科学四个方面对自由主义所遭遇困难的揭示似乎也与施特劳斯甚至施密特有相互呼应之处。

在政治自由主义的层面，沃格林尤其指出基本人权、分权和普选权"这三个要求并不是体系化的公理，毋宁说，它们的联

---

[1] 沃格林：《自由主义及其历史》，第 8-9 页。
[2] 同上书，第 9 页。
[3] 同上书，第 10 页。
[4] 同上书，第 12 页。

合是历史的偶然"。[1]基本人权是古老的神圣法和自然法的沉淀物，分权并不是自由主义的一个根本要求，而"社会并不是通过自由主义的宪法而自由的，相反，自由的社会产生了自由主义的宪法，并使其在自身的架构中运转"。[2]在继续从经济、宗教和科学三个方面犀利指出自由主义的困境之后，沃格林还预示了自由主义在历史压力下的转变：一是把社会伦理要求汲取到古典自由主义之中，从而产生了新政、福利国家和社会市场经济这些混合物；二是风行数世纪的教会与国家的分离趋势之后，自由主义重新充满了基督教的内容。如果说前一种趋势集中体现在罗尔斯的自由主义之中，那么后一种趋势在自由主义历史研究上的晚近表现，就是当今最重要的自由主义政治哲学家之一沃尔德伦（Jeremy Waldron）的洛克研究。这里先讨论后一个方面。

引起广泛讨论和争议的《上帝、洛克与平等》既是一部思想史著作，也是一部理论作品。在前一个层面上，沃尔德伦与他所谓剑桥历史主义学派或情境主义学派的学者就洛克思想的解释展开论战，他尤其指控情境主义者的文本解读方法以及在解释洛克时的主要预设妨碍了他们对洛克思想连贯性的把握；在后一个层面上，沃尔德伦的论战对象主要是在当代政治哲学中占据主流地位的平等主义者，尤其是后罗尔斯时代的自由主义政治哲学，他批评以德沃金为代表的这些平等主义理论家没有追问平等的关切和尊重原则的本质和基础，转而论证洛克的神学观念对于当代哲

[1] 沃格林：《自由主义及其历史》，第18页。
[2] 同上书，第19页。

学的重要意义，"不妨假定——我倾向于这么认为——当对人类平等的认信建基于神学真理（尤其是同基督教传统相关的神学真理）的时候，它才最为融贯、最有吸引力"。[1]

要注意的是，在沃尔德伦的解释框架中，所谓思想史的层面和理论工作的层面是一体两面、无法割裂的，用邓恩（John Dunn）的话来说，"沃尔德伦所做的事情，就是总结了从事思想史研究并在最近几十年里一直研究洛克理论的多位历史学家（还包括为数众多的对哲学的历史发展同样敏感的哲学家）积累下来的研究成果，以应对当今政治哲学的挑战"。[2] 的确，沃尔德伦自称并非思想史专家，但是他同样认为应当回应所谓"历史错位"的问题，也就是要回答在何种意义上洛克的作品能够成为"我们的"。对此，沃尔德伦在承认我们关于平等的思考是与时代问题纠缠在一起的同时，仍然肯定"平等可以奠基于人性中的某种更加普遍的东西之上，以及对我们这样的受造物具有永恒意义的东西之上"，[3] 关键是"能否辨识基督教教义对洛克的'人人皆因是人类的成员故而皆享平等'这一规范性理论的影响"[4]。

把当代的平等主义政治哲学"嫁接于"洛克的有神论之上确实是一种"移花接木"的理论策略，更有趣味的是，沃尔德伦在其著作的开篇把批评的矛头指向德沃金，但是只有在整部著作的

---

[1] 沃尔德伦：《上帝、洛克与平等》，郭威译，华夏出版社，2015 年，第 293 页。

[2] 邓恩：《历史能表明什么？》，译文载沃尔德伦：《上帝、洛克与平等》，第 321 页。

[3] 沃尔德伦：《上帝、洛克与平等》，第 11 页。

[4] 同上书，第 15 页。

最后，罗尔斯的政治自由主义才作为沃尔德伦真正的挑战对象出现在我们面前。如同指责德沃金没有进一步追问平等的关切和尊重之本质和基础那样，沃尔德伦虽然对"在各种尼采主义者或激进的弗洛伊德者——他们认为，所有这些对于能动性（agency）和道德人格的道德主义说教，全是多余和可化简的废话——的陪伴下来创发他的正义理论"[1]的罗尔斯抱有相当程度的同情，但是他仍然认为作为罗尔斯自由主义之根基的道德人格观念并不是没有争议的，这也就是说，"规定其政治自由主义的那种重叠共识，确实有不可或缺的内容，而其中有些内容会引发争议"。[2]在这里值得注意的是沃尔德伦在洛克论上帝与罗尔斯论道德人格之间做出的类比，这种类比指向了沃尔德伦论证的最微妙之处："这是关于我们如何获得人类平等概念的事情，而非关于人类平等概念现在在逻辑意义上意味着什么或预设了什么的事情。如果不参考塑造这一概念的宗教传统的话，这一概念的形成现在可能就是难以解释的。"[3]

　　沃尔德伦的这一工作被誉为洛克研究的宗教转向中晚近的巅峰之作，这项研究的背景是要重新思考和克服自由主义思想与宗教观念之间的当代疏离，"通过提醒我们记起自由主义的基督教起源，同时挖掘基督教的自由主义理想，沃尔德伦有力地挑战了不幸盛行于当今许多世俗主义的自由主义者中的那些更加简化、更

[1] 沃尔德伦：《上帝、洛克与平等》，第 298 页。
[2] 同上书，第 298 页。
[3] 同上书，第 301 页。

加消极的关于宗教神学的特性描述和陈词滥调。这样，沃尔德伦就把自由主义与宗教关系的讨论提升到它应有的严肃层面"，[1] 就此而言，即使沃尔德伦关于宗教信仰为平等信念所必需的论证同样具有争议，但它至少已经在自由主义的历史谱系与哲学基础方面产生重大影响与效应，并在当代语境下生动地示例了我们开篇所提出的自由主义政治哲学所面临的历史境遇与其规范内涵之间的关系这个根本问题。

罗纳德·贝纳（Ronald Beiner）在收入其《公民宗教：政治哲学史的对话》的《约翰·罗尔斯的自由主义谱系》一文中开篇就指出，"自由主义实际上是通过宗教来定义的，是通过非自由的宗教对世俗政治秩序发起的挑战来定义的"。[2] 贝纳试图阐发，在自由主义起源于宗教战争成为老生常谈的情况下，罗尔斯在《政治自由主义》中重弹此调的理论意涵。贝纳在此提出了一个独特的观察，其大意是，如果说罗尔斯在《正义论》中试图与自由主义历史相一致（至少与历史上某个版本的自由主义相一致），那么他在《政治自由主义》中则在努力让他自己与自由主义历史相分离。这当然是与罗尔斯试图让政治的正义观与任何整全性学说脱钩的规划相联系的，在这种规划中，公民身份取得了超过主张个人自主是一种政治上优先的人生观的优势地位，而生活中有价值的东西都被从合法的公共论述中排除了出去。

---

[1] 斯托尔岑贝格、亚弗：《沃尔德伦的洛克与洛克的沃尔德伦》，译文载沃尔德伦：《上帝、洛克与平等》，第 396 页。

[2] 贝纳：《公民宗教》，李育书译，人民出版社，2018 年，第 264 页。

与在《政治自由主义》中仍然甚至更加得到坚持的正当优先于善的原则相一致，罗尔斯的自由主义谱系是一个展示了古代人与现代人之间关键分歧的谱系，但是，如贝纳所揭示的，"罗尔斯的谱系所展示的不是两阶段的历史（古代和现代），而是真正的三阶段历史（公民宗教、前宗教改革时期和后宗教改革时期），其中自由主义是对第二阶段和第三阶段的冲突的回应"。[1] 这三个阶段之间的错综复杂的关系以及解释上的歧义性使政治自由主义的公共理性和公民身份论述处于与公民宗教传统暧昧不明的关系之中。虽然贝纳对于沃林在《政治愿景》中对于罗尔斯的严厉批评感到意外，而且明确断定罗尔斯"不会提供沃林提出来的卢梭式的公民崇拜"，[2] 但是贝纳确实赞同沃林的如下论述："随着自由主义理论家变得世俗化，宗教的冲动并未消失，而是被升华为一个有关政治范畴的观念……政治范畴成为一种失落的宗教范畴的标志。被抑制的宗教冲动以一个政治范畴的形式回归，该政治范畴好像论述学说争论一样处理冲突的政治而把经济范畴的'物质现实性'排除在外"。[3]

二

如同贝纳所指出，"罗尔斯的政治哲学代表了自由主义传统

---

[1] 贝纳：《公民宗教》，267 页。

[2] 同上书，279 页。

[3] 沃林：《政治与构想》，辛亨复译，上海人民出版社，2009 年，第 664-665 页。

的最高表达，至少到 20 世纪末是这样"。[1] 但是至少从 20 世纪 80 年代初开始，一种名为社群主义的政治哲学潮流却把批判的矛头主要对准了以罗尔斯为代表的自由主义政治哲学。社群主义经常被指责敏于批判而钝于建设，如今回望，作为一种政治哲学运动的社群主义似乎更是早已烟消云散。但是，一方面，如沃尔泽（Michael Walzer）自己所指出的，"自由主义是一种自我颠覆的学说，基于这个理由，它需要一种来自社群主义的周期性校正"[2]；另一方面，在不少方面让人联想起黑格尔和马克思对自由主义的批判的这场社群主义运动并不是在理论上一无所获，所谓"整体论的个人主义"就可以被看作自由主义－社群主义之争的一个主要理论成果。

早在 1989 年，在哈佛大学出版社的一部题为《自由主义与道德生活》中所发表的《答非所问：自由主义和社群主义之争》一文中，查尔斯·泰勒就已经在某种程度上总结了他自己亲身参与其中，持续到其时已近十年的社群主义运动。泰勒痛心于这场论战中存在大量答非所问的现象和显而易见的混淆。为了走出这种困境，并且有效地总结这场论争，泰勒提出了一种新的解释框架。他把这场争论中（扩大开来说，也是广义的政治哲学论辩）的论题分为两个不同的层次，一个是所谓本体论论题的层次，在这个层次上发生的是原子论者（Atomist）和整体论者（Holist）的争论，这个论题所回答的是什么是解释社会生活时将会援引的终极

---

[1] 贝纳：《公民宗教》，264 页。

[2] 沃尔泽：《社群主义对自由主义的批判》，译文载《共和的黄昏》，第 193 页。

要素的问题，原子论者和整体论者在这个问题上给出了相反的回答；另一个是辩护论的层次，在这个层次上发生的是个人主义与集体主义的争论，这个论题所回答的是人们鼓吹的道德立场或政策的问题，个人主义与集体主义显然是代表了两种相反的道德或价值立场。

泰勒区分这两个论题的重点在于，强调它们之间的关系既是各自独特的又是有联系的。"独特的"是指采取一种立场并不强迫你接受另一种立场，"联系的"是指"就你在本体论层次上采取的立场是你辩护的观点的部分根本的背景而言，它们又不是完全独立的"。[1] 泰勒理所当然地认为，在自由主义和社群主义的争论中的混乱主要来自这里的"独特性"和"联系"这两种关系都没有被充分地把握。这诚然是极为困难的问题，但是泰勒的倾向性是很明显的。在指出这两个层次之间理论上可以有四种组合方式——原子论的个人主义，原子论的集体主义，整体论的集体主义和整体论的个人主义——之后，泰勒对于整体论个人主义的"情有独钟"溢于言表："一方面充分地意识到人类行动者的（本体论上的）社会植入（social embedding），同时又高度赞赏自由和个人差异。"[2] 他把洪堡及其同侪所代表的现代自由主义看作这种整体论的个人主义的最好象征。虽然泰勒的区分和澄清主要是为了解决政治哲学的理论问题，但是，亦如泰勒自己所示例的，这种

---

[1] 泰勒：《答非所问：自由主义－社群主义之争》，译文载《公民共和主义》，2006年，第371页。

[2] 同上书，第375页。

新的解释框架在自由主义思想史和谱系的说明上也具有高度启发性。泰勒已经提及的洪堡与密尔的关系，以及泰勒未曾提及的所谓社会自由主义的谱系就是其中两个极佳的例子。

洪堡对于密尔的影响是自由主义思想史上的一段公案。作为密尔研究专家的约翰·格雷在《自由主义》这个小册子中曾经指出，密尔"用亚里士多德式的和洪堡式的要素丰富了古典功利主义的幸福概念，从而疏解了自由派的道德个人主义与古典功利主义普遍福利目标的集体主义内涵之间的对峙"。[1] 在某种程度上，影响密尔思想的希腊要素和洪堡要素并不是相互外在的，因为在后者的思想中，"特别形成了向慕希腊城邦公民生活整体完整性的'美学个人主义'（aesthetic individualism）以及'美学国家'（aesthetic）观，目的在于抗衡商业社会的机械化"。[2] 有学者已经揭示了洪堡摆脱在当时德国思想界颇为风行的所谓开明专制论，而最终确立自由主义立场的过程，而萧高彦对洪堡思想的解读则指明了"弗格森在苏格兰启蒙运动中所发挥的共和主义之德行与权利观，通过洪堡'新希腊主义'所重构的美学式个人主义和浮士德精神，在密尔的自由主义体系中，成为现代民主社会的重要政治哲学论述"。[3]

洪堡的个人自由观念确实高度吻合当代所谓整体论个人主义论述，他一方面强调接近古典理想的人性的发展，另一方面，与

---

[1] 格雷：《自由主义》，桂冠图书出版公司，1991 年，第 73 页。

[2] 萧高彦：《探索政治现代性》，联经出版事业公司，2020 年，第 428 页。

[3] 同上书，第 434 页。

之相应的社会政治组织，则是符合近代政治社会理想的主张减少
干涉的自由国家。换言之，洪堡的政治思想是完美主义和消极自
由的结合，而其中的辩证联系在于，"洪堡强调自由能够增强人的
'精力'并产生雍容大度的个体；相反地，强制则会窒息人的力
量，从而导致软弱无力以及各种自私的欲望。唯有理解这个辩证
联结（日后密尔将继受此观念并加以发挥），才能掌握何以消极自
由能够促进完美主义式的陶养"。[1]

　　虽然个人主义与集体主义的对立主要用来刻画 1870 年至 1914
年这一时期，英国政治思想从个人主义走向集体主义的时期，但
是贝拉米（Richard Bellamy）直接就用"集体主义式的个人主义"
一语来形容密尔的自由理论。在《自由主义与现代社会》对英国
自由主义的探讨中，贝拉米以品格和社会进步为框架，对比了密
尔和格林的自由主义，把前者称作集体主义式的个人主义，后者
则是个人主义式的集体主义。

　　密尔被认为是第一个偏离个人主义并对集体主义让步的古典
自由主义者，他在晚年的《自传》中还曾宣称自己是社会主义者。
密尔的自由主义之内在紧张及其易遭误解之处在于，将注意力集
中在那条"唯一简单的原则"亦即伤害原则上，"导致人们相对地
忽视了这条原则本身所要服务的那个'单一真理'，即'品格的多
种多样对人与社会的重要性，赋予人性完全的自由以便使他向各
种不同的方向发展对人与社会所具有的重要性'"。[2]作为其对自由

[1] 萧高彦：《探索政治现代性》，第 432 页。
[2] 贝拉米：《自由主义与现代社会》，江苏人民出版社，2008 年，第 31 页。

之倡导的核心的品格概念包含三个相互关联的要素，自由或自主，个性或多样化以及进步或改善，而批评者们的误解往往在于"他们割裂了品格论述中用来支持第一种要素的理由与其他两种之间的联系"。[1] 正是把自由与改善相联系带来了存在于密尔所有著述中的"模糊不清"，并在诸多情况下"对个人主义的信念动摇，并让步于家长制的集体主义"。

贝拉米用"密尔的结论与格林的前提相吻合"来刻画后两者之间的起承转合。格林致力于解决密尔由于将自由与自我发展相结合而导致的美德共同体中的矛盾，而他对19世纪70年代以后的所谓"结构"自由主义的道德辩护是集体主义的，在这种辩护中，"格林从孤立的原子到社会能动的成员，对个人做了重新构想，并从约束的缺无到道德实现，对个人自由做了重新界定……这样一来，他就同时摧毁了将国家行为最小化的个人主义，并为扩大有益于道德理想的国家行为做了有力的辩护"。[2] 如果说在格林的"个人主义式的集体主义"那里，集体主义是由于服从道德目标而受到个人主义的牵制，那么在密尔的"集体主义式的个人主义"那里，最终限制他在丰富个体性思想时从前门引进来的集体主义色调和质素的，仍然是密尔那种拒绝承认选择不自主的生活方式也是一种自由的决定中所透显出的自主性的几乎绝对的优先性。但是，正如贝拉米所指出的，也许正是密尔和格林思想中共同的要

---

[1] 贝拉米：《自由主义与现代社会》，第32页。

[2] 鲍德温（编）：《剑桥哲学史：1870—1945》，上册，中国社会科学出版社，2011年，第334-335页。

素——贝拉米用源于如此众多有着福音派新教背景的自由主义者的神学概念来解释两者之间的诸多相似观念——使得"他们两位思想家谁也没有跨越我们今天所理解的从个人主义到集体主义的分水岭"。[1]

无独有偶的是，当代新共和主义政治哲学的领军人物佩迪特也提出一种用来整合自由主义与社群主义的整体论的个人主义。与泰勒区分政治哲学论述的两个层次相似，佩迪特区分了个人主义和集体主义这个纵向或垂直层面的争论和整体论与原子论这个横向的或水平层面的争论。

之所以说前一个争论是纵向的或垂直的，是因为它所关注的是个体行动有无自上而下的决定因素的问题，就是说，这是一个自由意志与决定论的争论。在这个层面上，佩迪特分别讨论了他所谓的"压倒论题"和"包围论题"。前者是指人类行动完全被外在的社会规律决定，后者只是从自然选择来解释社会规律和规则的优先或优势地位，也就是说，虽然意向规则从不会受到社会规则的压制，但它们也不可能超越社会规则，而这只是因为会与社会规则发生冲突的意向规则已经被淘汰了。针对"压倒论题"，佩迪特认为完全否定结构规则与完全否定意向规则的绝对个人主义和绝对集体主义都不可能成立，我们所能想象的是某种有限的立场，并通过阐明非物理的规则之于物理的规则的随附性得出"结构规则并不压倒意向规则的个人主义的主张最终说来是合理的"。针对"包围论题"，佩迪特举出两个理由来论证它并不比"压倒论

[1] 贝拉米：《自由主义与现代社会》，第69页。

题"更有前景：一是"具体的团体选择所要求的条件非常具体，且极有可能无法得到满足"[1]；二是在团体简单性的条件下，竞争过程中可能被择出的规则少之又少，而且在高等社会中几无用武之地，这就否定了在垂直层面的问题上采纳一种集体主义立场的合理性。

之所以说后一个争论是横向的或水平的，是因为它所关注的是人之为人是否依赖于社会以及人们之间相互影响的问题。与纵向的或垂直层面的问题相比较，横向的或水平的问题似乎更容易处理。这是因为 20 世纪语言哲学甚至整个 20 世纪哲学的一个主要成就似乎就是论证人之社会性，或者说语言对于语言使用者之社会性的构成作用。的确，佩迪特也主要是借鉴后维特根斯坦语言哲学的资源来否定原子论者所谓的"离群索居的个人"，并从人类思想能力对于社会关系的依赖论证一种整体论的立场，从而试图把纵向或垂直层次上的个人主义立场与横向或水平层次上的整体论结合在一起，把人类自主性及其对于社会之依赖性结合在一起。佩迪特的共和主义政治哲学就是从这种他所谓政治本体论的立场推论出来的。

泰勒对于本体论论题与辩护论题的区分和佩迪特对于纵向的或垂直的与横向的或水平的论题的区分，不但是用来回应自由主义和社群主义之争的，在宽泛的和扩大开来的意义上，它们也是用来回应古今之争的。泛泛而言，我们或许可以说本体论的和纵

---

[1] 佩迪特：《人同此心》，应奇、王华平、张曦译，吉林出版集团有限责任公司，2010 年，第 190 页。

向的或垂直的论题是一种古代哲学的思考方式，而辩护的和横向的或水平的论题是一种现代哲学的思考方式。把这两个论题或层次"结合"在一起，当然是对于所谓古今之争的一种"折中"，问题是这是一种什么样的"折中"以及这种"结合"本身是何以可能的。在某种程度上，泰勒和佩迪特都没有明确地回答这个问题，也许我们可以借用佩迪特在讨论非物理规则之于物理规则的关系时所使用的随附论题，而揣测本体论的和纵向的或垂直的论题是与辩护的和横向的或水平的论题"随附"在一起的，也就是，古代与现代是"随附"在一起的？

三

在早年的《从自由主义到后自由主义》一书中，笔者曾经试图在所谓后自由主义的视域中处理当代政治哲学的诸多争论。除了提出社群主义本身是否可以被理解为一种所谓后自由主义，我在那里主要引证了约翰·格雷和伊曼纽尔·沃勒斯坦两位所谓后自由主义者的相关论述，并指出，如果说沃勒斯坦在《自由主义之后》中以一种历史社会学的叙事模糊了自由主义、社会主义和保守主义这三种现代性意识形态的根本界限，那么像格雷在《自由主义的两张面孔》中那样只是把单纯的和平保留为自由主义的内核，所剩下的就不再是自由主义的面孔（face），而是"骷髅"（skull）。[1]

---

[1] 参见应奇：《从自由主义到后自由主义》，生活·读书·新知三联书店，2003年，第221页。

如果说沃勒斯坦能够用历史社会学的叙事方式消解自由主义、社会主义和保守主义的本质界限，只是因为他预先已经模糊了所谓历史社会学与政治哲学两种论述方式的界限，那么，虽然像格雷那样来自自由主义内部的"反戈一击"——其实格雷仍然可谓广义的自由主义者，至少是半个自由主义者——有时确实能够引起自由主义政治哲学的深刻反省，但也正是在这个意义上，我们仍然需要从最为典型的自由主义政治哲学家当中去领略其当代最高的论证水准和最为合理的理论立场和价值根基。

沃尔德伦在《自由主义的理论基础》一文中一开始就面对着与沃格林和沃勒斯坦类似的难题，那就是自由主义的定义以及怎样把它与社会主义和保守主义区别开来的问题。沃尔德伦不无幽默地指出，我们之所以不能找到这些观点所共同持有的或可以被看作这些意识形态之核心和本质的理论命题和实践命题，部分原因在于"那些自称为'自由主义者''社会主义者'或'保守主义者'的人从来都不能完全控制该术语的使用"。[1] 与沃格林和沃勒斯坦不同的是，尽管沃尔德伦也在某种程度上分享了他们的历史视野，例如从历史上看，自由主义者经常与保守主义者和社会主义者展开开放的对话，并受到他们的影响，他也承认"社会主义是从古老的自由主义大家族中分化出来的一个新家族"，[2] 但是他仍然致力于论证自由主义依赖于一种关于社会体制辩护的确定观点，

---

[1] 沃尔德伦:《自由主义的理论基础》，译文载《复旦政治哲学评论》，第八辑，上海人民出版社，2016年，第24页。

[2] 同上书，第25页。

以此将其与其他意识形态区别开来，这种根本的承诺就是"自由的观念和对个体的能动性和能力的尊重，这种承诺要求社会的所有方面要么是可接受的，要么是能够成为被每个独立个体所接受的"。[1]

沃尔德伦意识到这种支撑起他所谓"最典型的或是最独特的自由主义立场"的观点未必为所有自由主义者所赞成，于是他就致力于论证这种观点既能够正视自由主义传统内部的紧张，而又可以成为对于自由主义基础的一种守成开新的观念。沃尔德伦论证的重点有以下三个方面，一是补正德沃金对于平等的关切和尊重之作为自由主义价值原点的论述，二是讨论这样理解的自由主义与启蒙遗产之间的关联，三是从实际同意向虚拟同意的转化进一步阐发自由主义对于透明性理想的追求。

罗纳德·德沃金通过提出平等对待和当作平等者来对待的区分，并把平等的关切和尊重作为自由主义最核心的价值原点，从而成为当代自由平等主义的旗手。但是沃尔德伦认为，"除非参照对所有人自由之重要性的信念，否则平等尊重就无法在这种语境中得到理解"。[2] 在澄清这一论点的过程中，沃尔德伦尤其指出平等的自由并不是在自由和平等之间的折中，因为"'自由'的作用就是表明我们关注平等时所包含的内容"。[3] 因此关键在于对这种"内容"的理解和把握。在这里，沃尔德伦介入了关于消极自由和

---

[1] 沃尔德伦：《自由主义的理论基础》，第25页。

[2] 同上书，第27页。

[3] 同上书，第26页。

积极自由的争论，他从"我们对拥有自由和行使自由的理解，与我们对自己作为人的观念，我们与价值、他人、社会的关系，以及世界的因果秩序紧密相关"[1] 这个根本前提出发，其中尤其强调能动性是一个丰富的价值资源，因为只有这种能动性能够保证我们在处理自由与社会秩序的关系时，批判性地追问这种秩序能否为我接受这样的问题。

在自由主义与启蒙遗产之间的关系问题上，沃尔德伦主要是要强调，为自由主义思想奠基的观点是建立在启蒙思想的乐观主义和理解社会的动力这两种基本态度所蕴含的为社会世界提供合法性根据的要求之上的。乐观主义既是现代社会学、历史学和经济学的基础，也是自由主义独有的关于政治和社会辩护的规范态度。这里的关键在于，"社会是通过个体的心灵而不是传统与共同体的精神被理解的。它的合法性和社会服从的基础必须被每一个个体所理解，因此一旦神秘的面纱被揭开，每一个人都希望得到答案"。[2] 可以说，启蒙遗产对于自由主义思想的最大构成性影响在于它要求，"社会不应该被笼罩在神秘之中，它的运作也不应该依赖于神话、神秘或'高贵的谎言'"，[3] 这就是社会世界合法化辩护中的透明性理想。

就对于社会世界合法化的具体的辩护而言，沃尔德伦仍然是通过对社会契约论传统的重构来展开的。他高度评价罗尔斯把社

---

[1] 沃尔德伦：《自由主义的理论基础》，第 28 页。

[2] 同上书，第 33 页。

[3] 同上书，第 46 页。

会基本结构理解为"一种公共规则体系"的构想。一方面,"把同意作为政治合法性的来源,能够为在获得(社会合作的)收益的同时不产生自由的严重威胁提供基础",[1]另一方面,"同样是在没有得到同意的情形中,与按照他被征求意见时不可能同意的方式干涉他相比,按照他在被征求意见时会同意的方式去干涉他,错误程度要低得多"。[2]正是在这个意义上,沃尔德伦通过阐发从实际同意到虚拟的转化,一方面使社会契约论摆脱了传统意义上遭到的批评,另一方面更进一步论证了作为一种使政治行动具有道德合法性的自由主义理论的主题:"除非植根于那些生活在其中的人们的同意,否则一种社会和政治秩序就是不合法的,这些人的同意和赞成是在道德上允许推行这种秩序的条件。"[3]而在罗尔斯的"一种公共规则体系"的语境中,沃尔德伦将这种条件表述为:"对一个公正社会的检验不在于生活在其中的个体是否赞成它的原则,而在于那些原则能否被表达为他们一致赞成的对象。"[4]

居今而言,沃尔德伦在对自由主义政治哲学的透明性理想的论证和辩护中所透现出的道义和智识上的自信未免让人有恍如隔世之叹。的确,自从以罗尔斯的《正义论》为标志,新契约论的、新康德主义的或义务论的自由主义强势复兴以来,直至20世纪80年代中后期,自由主义政治哲学一直处于上扬态势,社群主义的批评更大程度上可以被理解为广义的自由主义传统的内部调整。

---

[1] 沃尔德伦:《自由主义的理论基础》,第36页。

[2] 同上书,第37页。

[3] 同上书,第38页。

[4] 同上书,第41页。

即使在对盎格鲁－撒克逊传统和欧洲大陆传统进行更大规模对话和综合的政治哲学家例如查尔斯·拉莫尔那里，对政治透明性理想的追寻仍然闪耀着引人瞩目的光芒，这不但表现在他对哈贝马斯－罗尔斯之争的高阶仲裁与调和中，而且体现在他与以施特劳斯和施密特为代表的自由民主传统的更有敌意和深度的批判者的反向对话中。无论如何，沃尔德伦和拉莫尔以下的话是对自由主义传统之价值理想与历史境遇的最好表达：

> 自由主义依然含混不清、踌躇不决地致力于自由在当前情境中的前景和可能性，亦即我们在社会生活中所熟悉的那种个体自由。既不受困于传统的神秘遗产，也不动心于自由将会在历史的约定时刻到来的诺言，自由主义的个体将直面他当前的社会秩序，要求尊重他已有的自主能力，他的理性和他的能动性。[1]

> 自由主义秩序所依赖的共同生活必须包含对过去的忠诚，这种忠诚也是反思性的，而不只是一种连续感。它必定是人民的生活，而这种人民是通过他们从曾经使他们分裂的因素中学到的东西而团结在一起的。[2]

---

[1] 沃尔德伦:《自由主义的理论基础》，第 50 页。

[2] 拉莫尔:《现代性的教训》，刘擎、应奇译，东方出版社，2010 年，第 154 页。

九　政治、道德与历史之古今变奏

——一种非历史主义政治哲学的可能路径

> 道德的守护神并不向朱庇特（权力的守护神）让步，因为后者也要服从命运。
>
> ——康德，《永久和平论》

在由列奥·施特劳斯通过对历史主义和实证主义的批判所重新挑起和激活的新一轮古今之争中，比较而言，对历史主义的批判无疑居于更为要津的地位。这种批判之深度及其影响之广度，客观而言，不但关系到对古今之争的准确理解，关系到现代哲学史之谱系重构，更关系到这种视野洗礼下政治哲学建构之未来走向。

本文将聚焦于政治、道德与历史之三维架构，首先引入施特劳斯和克罗波西主编的《政治哲学史》对康德政治哲学的探讨与定位，以作为进一步讨论之契机与开端，然后分析康德在《永久和平论》中对道德与政治之分歧和政治与道德之一致性的论述，在此基础上，本文进一步引出阿伦特的历史观念对于现代性展开中至关重要的政治哲学与历史哲学之张力的呈现，最后结合后阿隆的当代法国政治哲学对于古今之争问题的回应，尝试提示一种所谓非历史主义政治哲学的可能路径。

一

无论对于以自由主义政治哲学为其规范内涵之集中表达的现代性持何种褒贬态度和价值评判，康德的道德和政治哲学无不构成了现代性的辩护和批判者双方共持的一个集中作业场所。自由主义政治哲学在当代的主要代言人约翰·罗尔斯就是一个典型的例子。从 1971 年在《正义论》中宣称其目标就在于"把洛克、卢梭和康德的社会契约论提到更高的抽象水平"[1]，到 1975 年"对《正义论》中所表达的观点和此处所考虑的原则的平等观念做一个简短解说"[2] 的《一个康德式的平等观念》，再经过 1980 年以"杜威讲座"名义发表的作为其思想转折点的《道德理论中的康德式建构主义》提出以康德式的人的观念作为自由主义政治哲学之最终基石，以及 1989 年的《康德道德哲学诸主题》和 1993 年的《政治自由主义》，直到最后的《万民法》[3]，康德的道德和政治哲学都是罗尔斯每次调整自己的理论步伐和重塑自己

[1] 罗尔斯：《正义论》，何怀宏主译，中国社会科学出版社，2009 年，第 1 页。

[2] 罗尔斯：《一个康德式的平等观念》，中译文最早见于包利民编：《当代社会契约论》，江苏人民出版社，2007 年，此处引自《罗尔斯论文全集》，上册，吉林出版集团，2013 年，第 287 页。

[3] 《正义论》和《政治自由主义》单行，其余文本均见于《罗尔斯论文全集》，陈肖生等译，2013 年。

的理论框架时要重新从中去寻找灵感和洞见的理论源头和概念
宝库。

　　概言之，按照其所秉持的广义上的道德哲学涵盖政治哲学的
一般框架和基本趣向，罗尔斯在其即使是带有"六经注我"色彩
的康德释读中，也仍然倾向于强调康德道德与政治哲学的融贯性：
就道德哲学而言，他主要致力于从康德那里提炼出道德人格的观
念以及程序论证的策略，从而为他的作为公平的正义观奠基，并
使得这种道德人格的观念和理想能够成为所谓合理分歧条件下的
重叠共识之聚焦点；就政治哲学而言，罗尔斯也没有像汉娜·阿
伦特那样挑战政治思想史谱系中的"成说"，例如认为康德在历史
哲学的整体框架中零星阐发的"成文的"政治和法律学说乃是哲
学家渐入老境、脑力衰退的产物[1]，又例如指陈《判断力批判》才
是康德政治哲学的真正发源地，而是照单全收一般流行的自由主
义导向的政治思想史中的康德（政治哲学）形象。与罗尔斯这种
"守成开新"的趋向不同，施特劳斯和克罗波西主编的《政治哲学
史》则着力于揭示道德与政治在康德思想体系中的紧张和冲突，
并通过重新引入罗尔斯所相对忽视的历史哲学的维度，从而实际
上把康德政治哲学再一次置入到它最初所欲回应并解决的古今之
争问题的视野与挑战之中。

　　《政治哲学史》康德篇第一节即题为"哲学与政治"，此节一
开篇就引人注目地断言："康德在其哲学中赋予政治一种既是核心

----

[1] 参见阿伦特：《康德政治哲学讲稿》第一讲，上海人民出版社，2013 年。

的又是派生的地位。"[1] 然而通观全篇，并无对此语的一个集中简要的说明，甚至再没有从字面上回到这句话上来。但是细究起来，此语确实是全篇之总纲与核心。按照作者的表述，之所以说"康德在其哲学中赋予政治一种核心的地位"，是因为"在把道德和自然加以分离之后，康德试图通过在两者之间引入中介的办法使两者再结合起来。法律、历史和政治便成了评价这一重新结合的复合标准。"[2] 如果我们把这句话理解为是在为政治在哲学中的"核心地位"背书，那么这里所谓"政治"就应当做广义的理解，例如实际上把法律、历史和狭义的政治都包含在内，相当于所谓社会存在的领域，但也正是政治以及道德概念本身的这种含混性造成了康德政治哲学的问题。在更深入的分析之下，康德致力于把三大批判中的思想体系与霍布斯、洛克、卢梭的现代自然权利领域联系起来的"政治概念和实践的设想"实际上"奠定在他的道德哲学和历史哲学的基础上"，[3] 但是困难也由此而生：康德一方面把政治奠基于道德，另一方面又把道德奠基于政治。而且他所谓政治也必须被理解为独立于道德，而道德最终又依赖于超政治的条件。因此，作者得出了这一关键性的结论："这种含混性或矛盾说明他为什么既坚持法与道德的分离又坚持两者的结合，以及他为什么会在历史哲学面前表现出奇怪的踌躇：赋予历史哲学以一种

---

[1] 施特劳斯、克罗波西主编：《政治哲学史》下册，第 691 页，河北人民出版社，1993 年。

[2] 同上书，第 693 页。

[3] 同上书，第 691 页。

既是决定性的又是无足轻重的地位。"[1]

　　之所以说政治在康德的哲学体系中处于一种派生的地位，外在地看，也许是因为"康德的政治哲学实质上是法律学说"，[2] 而被实践的至上性规定的理性概念，及其内含而未消融的"是"与"应当"的区分，又必然导致道德的形式主义和政治、法律的教条主义。内在地看，则是因为，康德的"实际的政治学说依然是道德的意图和'现实主义的'意图的不稳固且不能令人满意的组合。康德的思想模式使他在解释现实政治生活时能够着眼于政治生活的道德尊严这一关键性的和被忽略了的问题，即被马基雅维利和霍布斯的传统蓄意牺牲掉的问题。但使他的哲学能在这方面有所成就的东西却有碍于一种首尾一贯的解决问题的办法"[3]。显而易见，通过揭示康德试图扭转的马基雅维利和霍布斯传统处理政治与道德关系的方式及其重新植入实践哲学内部的张力，《政治哲学史》康德篇的作者以一种前所未有的力度和透彻性把康德回应和规整古今之争问题时所面对的困难重新呈现出来，这种追问不但指向康德解决道德进步问题的方式，而且指向了目的论的自然概念的本体论基础。

二

　　《政治哲学史》康德篇的基调是消极的甚至是"挑剌性"的，

---

[1] 施特劳斯、克罗波西主编：《政治哲学史》下册，第693页。

[2] 同上书，第715页。

[3] 同上书，第732页。

我们可以看到，通篇中除了"任何人，如果他严肃思考自由主义和民主政治的基础，他就会从中发现在霍布斯、洛克乃至卢梭身上所不具备的一种道德感情，而康德为这种道德感情提供了理论的证明"[1]这一平淡的描述语，全文对于康德的道德政治哲学基本上是否定性的评价。那么，在把问题的讨论进一步引向深入之前，先让我们来看看康德自己究竟是怎样论述政治与道德之关系的。

在康德政治哲学的"成文"作品中，最为集中地论述这个问题的是被认为康德政治哲学最富独创性、也是最重要的《永久和平论》的附论。这个附论分为两个部分，分别题为"从永久和平的观点论道德与政治之间的分歧"和"根据公共权利的先验概念论政治与道德的一致性"。

在附论一中，康德集中论述的是把道德应用于政治所产生的问题，这形象地体现在两句古老的格言中，一句是政治格言"要狡猾如蛇"，另一句是道德格言"要老实如鸽"。但是与本附论的标题似乎有些不一致，康德引入这两句格言的"目的是否认这种对立会造成真正的困难"："作为应用的权利学说的政治，与作为只是在理论上的这样一种权利学说的道德就不可能有任何争论。"[2]他还说："如果并没有自由以及以自由为基础的道德法则的存在，而是一切发生的或可能发生的事情都仅仅是大自然的机械作用，那么政治（作为利用这种作用来治理人的艺术）就完全是实践的

---

[1] 施特劳斯、克罗波西主编：《政治哲学史》下册，河北人民出版社，1993年，第695页。

[2] 康德：《历史理性批判文集》，商务印书馆，1990年，第130页。

智慧，而权利概念就是一种空洞的想法了。"[1]进一步，康德还区分了"道德的政治家"与"政治的道德家"，前者是"一个这样地采用国家智虑的原则使之能够与道德共同存在的人"，而后者则是"一个这样地为自己铸造一种道德从而使之有利于政治家的好处的人"。[2]显然，康德赞成前者，反对后者，并指出："政治准则决不能从每一个国家只要遵守就可以期待到的那种福利或幸福出发，因此也就决不能从每一个国家以之为自己的对象的那种目的出发，即从作为国家智慧的最高的（但又是经验的）原则（的意志）出发；而是应该从权利义务的纯粹概念出发（从它的原则乃是由纯粹理性所先天给定的'当然'而出发），而无论由此而来后果可能是什么样子。"[3]正是基于这一论断，康德提出了在后世极有影响的在实践理性的任务中我们究竟应该以实质的原则作为起点，还是应该以形式的原则作为起点的问题，并由此实现了古今之争问题上的根本转型。

在附论二中，康德主要是基于公共性原则论证政治与道德的和谐一致。康德坚持认为每一种权利要求都必须具备这种公共性的资格，他由此得出了公共权利的先验公式："凡是关系到别人权利的行为而其准则与公共性不能一致的，都是不正义的。"[4]《政治哲学史》康德篇在这一点上正确地指出："作为准则的因而行为的道德的一个标准，可公开性与可普遍化在公式主义和做作方面是

---

[1] 康德：《历史理性批判文集》，第 131 页。

[2] 同上书，第 132 页。

[3] 同上书，第 137 页。

[4] 同上书，第 139 页。

相类似的。"[1]的确，如果说附论一对于实践理性的任务中的"实质的原则"与"形式的原则"的区分还是着眼于对这些原则的"内容"方面的考量，那么附论二所提出的公共性和公开性原则则完全进入了这些原则的论证的层面。这就是说，不管所萃取的"内容"是"实质的"还是"形式的"，它们也都必须经过"公共性"和"公开性"的检验。《政治哲学史》康德篇正是在这个层面上谈及康德贬低四大古典美德中的三个——勇敢、节制和智慧，而且在把"人们相互关系的领域"等同于"正义所支配的领域"之后，进一步指出："没有人比康德更激烈地赞成激情对理性的服从，因而坚持认为在人身上存在着纵向等级系统。然而，同在卢梭那里一样，在康德这里对人的欲望不是'纵向地'通过遵守人身上的自然等级秩序来实现的，而是'横向地'通过对自由和个人的相互的限制和尊重来实现的。"[2]

如果说形式主义的理性概念和程序主义的论证方式使得康德的道德和政治概念在说明权利与义务的相互性以及权利与义务两者之于美德的至上性观念上超越了卢梭，那么更为重要的则是在调和幸福与美德的尝试中所实施的由"纵向系统"向"横向系统"的转换。可以毫不夸张地说，康德在古今之争问题上的根本立场就是通过这种转换而确立起来的。从这个意义上，如果套用罗尔斯的说法，康德是把卢梭的论证提到了更高的抽象水平，那么在

---

[1] 施特劳斯、克罗波西主编：《政治哲学史》下册，第705页，河北人民出版社，1993年。

[2] 同上书，第703页。

扭转马基雅维利和霍布斯对于政治与道德关系理解的同时，更为重要的则是康德同时也转换了道德和政治的内涵及其所包含的优先性论证的方式。同样值得重视的还在于，如果我们考虑到在康德的系统中，历史哲学是应道德的要求而起的，那么一旦进一步"需要（通过历史哲学）表明在美德与幸福、道德与自然、道德和政治或义务和利益之间存在一致性或不存在实质性的对立"，[1]那么问题不但变成了政治哲学与历史哲学在康德哲学体系中的紧张关系问题，而且涉及了政治哲学与历史哲学在整个近代哲学谱系中的交替和兴衰问题。

三

在收录于《过去与未来之间》的《历史概念》一文中，阿伦特在考察了历史与自然、历史与世俗的不朽性之后，紧接着在题为"历史与政治"一节中，以一种相较于《政治哲学史》康德篇更为犀利也更有建设性的姿态介入政治哲学与历史哲学在康德哲学中的紧张状态，由此不但提出了对重新理解近代哲学史谱系颇有启发的见解，而且通过对所谓康德未成文政治哲学的发掘，从另一个维度有效地把康德政治哲学置入到与当代政治哲学的有效对话当中。

阿伦特首先指出，现代的历史意识是随着世俗领域兴起并获

---

[1] 施特劳斯、克罗波西主编：《政治哲学史》下册，第 709 页。

得一种新尊严而形成的："的确，现代之初的一切都指向了对政治行为和政治生活的提升，16 世纪和 17 世纪在新政治哲学上如此繁荣，却几乎没有意识到要对历史本身的重要性做出任何特殊的强调。相反，新政治哲学关心的是摆脱过去，而不是恢复历史过程。"[1]在这里，特别要注意的是，阿伦特是把历史（学家）的基本沉思态度与现代信念支配下的行动哲学对立起来考虑的，这是因为，无论是对于早期的维柯，还是对于后来的黑格尔，"历史概念的重要性首先是理论上的。他们两人中的任何一个都从未想过直接将这个概念用作行动的原则"[2]。阿伦特由此着重揭示了一旦把这种历史观念与早期现代的目的论政治哲学相结合，之后所产生的蜕变："将未知、不可知的'更高目的'转化为有计划、有意志的意图的危险在于，意义和意义性被转化成了目的。"[3]

从这里可以看出，阿伦特对历史概念的追溯和勘察是与她毕生萦怀的世俗领域的意义问题或者说是现代世界不断增长的无意义性问题紧密联系在一起的，在时间与历史概念的古今之争中，决定性的差别在于，"在现代这种观念中，过去和未来的双重无限性消除了所有开始与终结的观念，而建立起一种潜在的、世俗不朽的观念"[4]。这种历史观念对现代历史意识的影响在黑格尔那里达到顶峰，在后者那里，形而上学的中心概念是历史，这就把它与所有从前的形而上学尖锐地区分开来了。而阿伦特对康德政治哲

[1] 阿伦特:《过去与未来之间》，译林出版社，2011 年，第 72 页。
[2] 同上书，第 74 页。
[3] 同上书。
[4] 同上书，第 71 页。

学与历史哲学之紧张关系的洞若观火的抉发，既是为了例示古今之争视野中政治与历史概念之兴衰交替，更是为了揭示它们在后康德哲学世界中的畸变与灾害。

《政治哲学史》康德篇的作者雄辩地写道："康德，这个在其著作中将政治哲学转变为历史哲学的第一个伟大的哲学家，却明确地提出一种反对一切历史哲学——包括他自己的历史哲学——的理由。他清楚地知道，历史的进步是若干代人努力的结果，一代代人或多或少无意识地建造着一座大厦，他们自然不可能共享这座大厦的完成所带来的幸福。但康德认为这是理性动物所不可避免的情况，因为人作为个体是会死的，而只有作为类才是不朽的。"[1]值得注意的是，阿伦特在引用康德同样意思的原话之后，同样认为，"带着充满困惑的遗憾以及巨大的折衷，康德放弃了把一个历史概念引入他的政治哲学"[2]。但是与前面那位作者不同，阿伦特似乎对于康德在政治哲学与历史哲学之间的"徘徊"抱有最高程度的"同情之了解"，相应地，她的深度发掘也似乎更有启示和力度。例如她一方面指出，康德实际上已经注意到后来黑格尔所谓"理性之狡计"，甚至具有对历史辩证法的初步洞见；另一方面，她明确认为，"在康德那里，与黑格尔相比，现代式的从政治逃入历史的动机仍然是十分清楚的。这是一种进入'整体'的逃避，是为个别的无意义性所激发的逃避"[3]。更为重要的是，阿伦特

---

[1] 施特劳斯、克罗波西主编：《政治哲学史》下册，第 709-710 页。

[2] 阿伦特：《过去与未来之间》，第 79 页。

[3] 同上书。

以康德为例深入揭示了现代思想从政治理论转向一种本质上沉思性的历史哲学的悖谬。在阿伦特看来，康德已经不再困扰于困扰马克思和尼采的沉思与行动、沉思生活与积极生活的优先性问题，他所困扰的是积极生活内部的等级问题，也就是行动、制作以及劳动之间的优先性问题，"确实，传统哲学将行动评价为最高级人类活动，经常不过是空口说说而已，其实倾向的是更可靠的制造活动，于是积极生活内部的等级问题几乎从未得到清晰阐述。让行动内在的困惑再次走上台前，正是康德哲学在政治上占有一席之地的标志"[1]。

正是基于这样的认识，阿伦特晚期致力于从《判断力批判》中去发掘康德所谓未成文的政治哲学。笔者以前对此曾有专文论述，[2] 在这里值得指出的是，以整理出版阿伦特的《康德政治哲学讲稿》而极大地改变了晚近阿伦特研究之重点和趋向的罗纳德·贝纳，在最近为此书中译本所撰序言中，对阿伦特之于康德的美学和罗尔斯之于康德的道德哲学之间的关联做出了这样的类比："将阿伦特与罗尔斯相类比，有助于我们领会深藏于康德道德之思的结构与康德审美判断力哲学的结构之间隐匿的亲和性，而这一亲和性正是阿伦特本人未予充分承认的。"[3] 从这个角度，引入哈贝马斯关于对话性和独白性的辨析，是从公共性和公开性层次

---

[1] 阿伦特：《过去与未来之间》，第 80 页。

[2] 参见应奇：《政治的审美化与自由的绝境：康德与阿伦特未成文的政治哲学》，载于《哲学研究》，2003 年第 4 期。

[3] 贝纳尔：《康德政治哲学讲稿》中文版序言，载于阿伦特：《康德政治哲学讲稿》，上海人民出版社，2013 年。

的讨论深化关于道德正当性和政治合法性问题的一条人们已经耳熟能详的路径。但是，返回到阿伦特辨析历史概念的初衷，那么，"跃然于字里行间的是她为捍卫人类尊严、使之免遭古代和现代的双向侵害的果敢决心——人类尊严面临着两个方向的威胁：一个是古代的、对洞穴之意见的鄙弃，以柏拉图为代表；另一个是现代的历史主义，历史主义倾向于把人类主体上演的特殊故事化为一出进步主义的普遍大剧"[1]。因此，如果说康德对于西方思想史上旷日持久的政治与道德之争的仲裁和解决最终仍然受制于洛维特所谓由一种基督教的救赎历史转化而来的进步史观，[2]那么阿伦特恰恰通过立足于人类尊严概念展开对进步史观的批判，从而预先为走向一种非历史主义的政治哲学奠定了一块最重要的理论基石。

四

法国当代哲学家吕克·费里在《政治哲学》第一卷中提出一种现代的非历史主义的人本主义，他的问题意识与贝纳尔笔下的阿伦特惊人地相似。差别只在于，这种人本主义是经过施特劳斯的现代性批判"洗礼"并对后者作出自觉回应的产物。

与一般对于施特劳斯的现代性批判的反应不同，费里高度重视施特劳斯对历史主义的批判，甚至同样认为"对历史主义——

---

[1] 贝纳尔：《康德政治哲学讲稿》中文版序言，载于阿伦特：《康德政治哲学讲稿》。

[2] 参见洛维特：《世界历史与救赎历史》，生活·读书·新知三联书店，2002年。

在这里意味着支持历史过程，否定任何超验的维度——的拒斥是任何政治哲学的真正的前提条件，即使对于任何名副其实的批判哲学来说也是如此”[1]。要理解费里方案的内在理路和规范含义，就需要说明这里所谓“对历史主义的拒斥”和“名副其实的批判哲学”的确切内涵。

施特劳斯所谓历史主义，是指“所有人类的思想都是历史性的，因而对于把握任何永恒的东西来说都是无能为力的”[2]。在现代社会科学针对政治哲学的历史主义和实证主义这两种武器中，“以历史之名是否定政治哲学之可能性的第一个条件，因为任何形式的历史主义都导向对规范与事实之区分的攻击”[3]。按照费里的梳理，施特劳斯区分了历史主义的三种版本[4]：（1）“理性主义的”历史主义，其主要代表就是黑格尔的历史哲学，这种历史哲学在肯定现实的合理性时达到了顶峰；（2）经验主义的历史主义，它试图揭示所有思想和世界观的历史特征，当然也包括那些肯定普遍性或永恒性的思想和观点；以及（3）“存在主义的”历史主义，在这里施特劳斯实质上是指海德格尔——虽然完全不同于前两种理性主义，但最终仍然取消了理想与现实的对子，这种对子被批判为源于“柏拉图式二元论”的一种形而上学的幻觉。

---

[1] Luc Ferry, *Political Philosophy: Right—The New Quarrel between the Ancients and the Moderns*, translated by Franklin Philip, The University of Chicago Press, 1990, p. 19.

[2] 施特劳斯：《自然权利与历史》，生活·读书·新知三联书店，2003年，第13页。

[3] Luc Ferry, *Political Philosophy: Right—The New Quarrel between the Ancients and the Moderns*, translated by Franklin Philip, The University of Chicago Press, 1990, p. 30.

[4] Ibid.

费里承认，施特劳斯正确地强调了历史主义与政治哲学之间的冲突，并清楚表明政治哲学必须要以历史哲学为前提。但是施特劳斯的一个核心难题恰恰在于，"对历史主义和实证主义的一种严肃的攻击必须包含对历史性——这被当作是现实与理想之间的中介——的某些思考，而不能托庇于一种假定的自然主义的和非历史主义的立场"。[1] 费里从理想与现实、自由与必然这两个对子进入关于历史主义和历史性之哲学内涵和规范含义的讨论，问题的实质依然在于，"古典意义上的自然、施特劳斯意义上的历史和康德与费希特意义上的自由之间的对立乃是三种历史性观念之间的冲突"。[2]

按照第一种历史性观念：时间过程并不是基于"主体性"，而是寄托于"他性"，于是历史过程主要是由"机运"或"命运"支配着显现出来的。这就是海德格尔和施特劳斯以"存在历史"之名加以恢复的古典的历史性观念。根据第二种现代的现实主义的历史性观念，现实与理想之间的中介是通过一种决定性的因果过程而出现的，这种观念源于马基雅维利的历史性观点，而在黑格尔的理性狡计理论中达到顶点。而第三种现代的非现实主义的历史性观念按照自由和应当这种伦理的术语来思考现实与理想之间的关系，费希特是这种观念的代表。以对于"作为整体的现代性是历史主义的或前历史主义的"怀疑为起点，《政治哲学》第二卷的工作就是重建现代历史哲学的谱系，这其中一个核心的部分就

---

[1] Luc Ferry, *Political Philosophy: Right—The New Quarrel between the Ancients and the Moderns*, translated by Franklin Philip, The University of Chicago Press, 1990, p. 60.

[2] Ibid.

是对费希特历史哲学的本体论前提的考察。在费里看来，费希特的立场"似乎能够免于施特劳斯的现代性分析之害，正因为没有完全把现实与理想分离开来，他并没有说它们的融合是不可避免的。因此，施特劳斯的现代性标准——合理的与现实的之间的等同，现实主义，政治对于伦理的优先性，目标的降低，对超越性的抑制，自由之于理性的优越性——中没有一个适合于费希特。"[1]因此，这一工作的实质也就是要表明费希特怎样在没有抛弃现代性的情况下根除理性主义历史主义的思辨基础。而更重要的是要表明，"为什么在现实性与合理性之间敞开的空间中，我们可以锻造一个创造一种主体间性的公共空间的政治哲学计划，也即是一种现代的（因为它并不贬低主体性）但仍然是非历史主义的权利理论。"[2]

在对《政治哲学史》康德篇的讨论中，我们曾经把政治哲学和历史哲学在卢梭和康德那里发生的转换称作从"纵向系统"向"横向系统"的转换。对这种转换，费里从施特劳斯那里借用"垂直的限制"和"水平的限制"来形容，并将之作为现代性转换本身的一个论据。在评价现代性批判中出现的由海德格尔所代表的"回到古希腊去"的方案时，费里引人注目地写下了"倒转黑格尔和贡斯当"这样一个标题，"这个口号表征着对在哲学上由黑格尔、政治上由邦雅曼·贡斯当从世界历史中诊断出的深刻的积极要素

---

[1] Luc Ferry, *Political Philosophy: Right—The New Quarrel between the Ancients and the Moderns*, translated by Franklin Philip, The University of Chicago Press, 1990, p. 69.

[2] Ibid. p. 70.

的一种真正的颠倒"。[1] 而对于在希腊人本主义的"尚未"（not yet）
与现代理性主义历史哲学的"进步"（progress）之间的裂隙中"乘
虚而入"的施特劳斯，费里的最后诊断是，施特劳斯制造了这样
一种二难选择：要么在承认一种非人类的、实体性的和客观的伦
理秩序的同时坚持是与应当的区分，要么坚持一种不再区分自由
与放任、是与应当的现实主义，"施特劳斯的备选项是在自然与历
史之间，支持历史的选择蕴含着一种关于理想与现实之关系的严
格的理论（非伦理）观念。我认为这种备选项所遮蔽的正是自由
哲学所设想的第三种可能性"[2]。

正是基于这种自由哲学所设想的"第三种可能性"，费里在
《政治哲学》导论最后题为"新争论，伪争论，还是坏争论"一节
中，明确认为所谓古今之争实质上不但是一个伪争论，而且是一
个坏争论，正确的认识是，"把古代人与现代人之间的对立不是理
解为一种单调的年代学的对立，而是两种理想类型的结构性的对
立——每一种类型无疑都更为充分地体现在一个时期而非另一个
时期，但仍然总是构成了人类思想的可能表达。在这个意义上，
也只有在这个意义上，我们才能理解从亚里士多德到笛卡尔也许
既没有进步（黑格尔），也没有衰退（施特劳斯，海德格尔），而
仅仅是把不知为何对于作为一个整体的人类依然可能的本体论结
构主题化。古代人与现代人之间的争论即使在今天也仍然具有某

---

[1] Luc Ferry, *Political Philosophy: Right—The New Quarrel between the Ancients and the Moderns*, translated by Franklin Philip, The University of Chicago Press, 1990, p. 16.

[2] Ibid. p. 57.

种意义：把古代与现代理解为一种结构性的对立，这可以成为一场对话的关键支点"[1]。

五

在代表了后阿隆的当代法国政治哲学家对于施特劳斯的古典政治哲学路向的回应中，与费里和他的合作者阿兰·雷诺相较，皮埃尔·马南对于施特劳斯抱有更为同情的态度。例如他仍然是在"古代人"与"现代人"的历史对比中来考察哲学的和政治的自由主义，他像施特劳斯一样相信自由主义必须被看作是现代性内部的发展，从历史上说是现代与过去断裂的产物，只不过这种分裂并不是作为一种非人格化力量的"历史"的产物，而是像马基雅维利、培根和霍布斯这样的现代政治哲学家的一种自觉的计划。就此而言，现代历史是现代哲学所创造和发明的。[2] 但是，虽然在哲学史和对历史主义的分析上马南紧紧追随施特劳斯，而且同样肯定现代历史主义作为一种把"是"与"应当"合为一体的努力是在黑格尔的历史理性辩证法那里达到顶点的，但是与施特劳斯不同的是，马南强调哲学自由主义诞生于其中的基督教背景。

---

[1] Luc Ferry, *Political Philosophy: Right—The New Quarrel between the Ancients and the Moderns*, translated by Franklin Philip, The University of Chicago Press, 1990, p. 24.

[2] 这里对马南观点的阐述，参见 Mark Lilla 为所编 *New French Thought: Political Philosophy*(Princeton University, 1994) 撰写的长篇导言，马南论著的中译本已经有：《自由主义思想文化史》，吉林人民出版社，2004 年；《民主的本性》，华夏出版社，2011 年；《人之城》，商务印书馆，2018 年；《城邦变形记》，广西师范大学出版社，2019 年。

《自由主义思想文化史》尤其强调欧洲的"神学－政治问题"不会出现在同质的城邦国家或帝国，而是出现于普世的基督教会与特殊的绝对君主制之间的张力，而现代自由主义社会的动力和问题都可以追溯到政治权力与宗教舆论的彻底分离，这种分离不但抛弃了自由派的宗教政治，而且怀疑任何关于人类之自然和善好的知识。于是，马南一方面像托克维尔那样感叹民主制可能带来的软性专制和随波逐流的弊端，另一方面又认为自由和自治是对于现代人已经失去的东西的重要补偿。

就对于政治哲学中的古今之争的反应而言，当代法国政治哲学家阿兰·博耶的立场与马南有些类似。博耶是从共和主义作为自由主义－社群主义之争的解决方案和第三条道路的角度来介入所谓古今之争问题，他反对过高地估计古代人与现代人之间的差异，虽然他同样认为古今之争似乎是现代政治哲学的基础，但是他雄心勃勃地像贡斯当那样致力于论证"最好地实现古代人自由观念的城邦也是最近似于现代人自由观念的城邦"，[1]尤其是，博耶认为共和主义谱系的发掘和重构对于那些坚持认为只有在现代的、反亚里士多德的、人本主义的和主体主义的哲学中才能发现一种真正的普遍主义的论者是一个重大的挑战。这里他所指向的主要就是费里和雷诺的主体主义哲学方案。

与马南对前现代政治思想的同情理解不同，费里和雷诺坦率地宣称从希腊人那里学不到什么东西，因为希腊哲学是与和民主

---

[1] 博耶：《论古代共和主义的现代意义》，译载于应奇、刘训练编：《公民共和主义》，东方出版社，2006 年。

时代相异的一种等级制的宇宙论联系在一起的；这无疑与前述博耶肯定共和主义传统是在古典时代产生的，古代人的自由观就已经是波普尔所谓"开放社会"的冒险开端形成了鲜明的对照。与马南一样，费里和雷诺也相信历史主义是错误的，而且对现代政治产生了有害的影响；但是，与马南"试图从最初的道德和思想文化的选择中推导出现代的自由主义史"[1]不同，费里和雷诺的目标是发现一种既非朴素形而上学亦非独断历史主义的现代人本主义，从而为现代政治哲学指明出路，这是因为他们认为正是这种历史主义要为从中滋生出的反人本主义负责。如同前面指出过的，正是在这个意义上，费里和雷诺把矛头主要对准从尼采到海德格尔的个人主义和反人本主义。他们把主体与个体区分开来，并认为走出现代个人主义的路径就在于以一种从费希特那里提炼出来的主体性概念为基础的现代人本主义，它既不是历史主义的，也不是形而上学的。但是，除了这种主体性概念本身的含混性及其在解释普遍的政治和道德判断上的困难，费里和雷诺那种直接从哲学史得出政治结论的方法论本身也已经遭到了质疑，特别是在施特劳斯与海德格尔哲学相关的问题上。

施特劳斯的再传弟子斯密什在肯定费里正确地"提醒我们海德格尔的榜样在施特劳斯对希腊的回归中起到了决定性的促进作用"[2]的同时，认为费里没有足够重视施特劳斯对海德格尔的保留

---

[1] 参见辛格为《自由主义思想文化史》英译本所撰写的序言，译载于《自由主义思想文化史》，吉林人民出版社，2004年。

[2] 斯密什：《阅读施特劳斯》，华夏出版社，2012年，第173页。

和批判，尤其是错误地断定，施特劳斯把海德格尔的对形而上学的现象学解构照搬照抄到了政治哲学领域。斯密什明确指出，"施特劳斯虽然引用了各种海德格尔式的问题和措辞，但他对海德格尔的反现代性进行了意义深远的批评"，[1]而其中的差异就体现在两者对自由民主制和德国面临危机的解读上。按照斯密什的解读，"相对于自由民主制自身产生的问题，施特劳斯更担心它的衰落所引发的问题"。[2]参照《自然权利与历史》开篇引用《独立宣言》宣称人人享有平等人权，并警告放弃这一理念的危险性，我们就可以看得更为清楚，"虽然没有指名道姓提到海德格尔，施特劳斯却阐明美国的平等主义给他带来的困扰远没有德国'历史意识'的兴起给他带来的困扰多"。[3]

费里在《政治哲学》的导论中曾经指出，哈贝马斯和阿隆"这两位思想家在有诸多分歧的情况下却依然隶属于批判主义的传统"。[4]的确，在反思和清理德国"历史意识"的兴起所带来的困扰和灾难方面，我们同样可以在与哈贝马斯亦师亦友的韦尔默那里找到与阿隆以及后阿隆的法国政治哲学之间的深切共鸣。在《法兰克福学派的当今意义》一文中，韦尔默一方面肯定，在从二战结束到20世纪60年代学生运动之前的岁月中，阿多诺是"在反

[1] 斯密什：《阅读施特劳斯》，第166页。

[2] 同上书，第168页。

[3] 同上书，第173页。

[4] Luc Ferry, *Political Philosophy: Right—The New Quarrel between the Ancients and the Moderns*, translated by Franklin Philip, The University of Chicago Press, 1990, p. 131, 导论注释一。

动政治的损害后恢复德国文化传统的本身性，并使之进入在道德上受到困扰、其认同被动摇的战后一代人意识之中的第一人"，这是因为，"阿多诺在赋予'另一个德国'以正当性上比任何人做得更多，而这个词本来常常是带着抱歉的口吻使用的"；[1] 另一方面，韦尔默又认为，霍克海默和阿多诺之所以能够在法兰克福继续他们的学术生涯，并引导德国公众和德国学生，批判理论之归属于马克思主义传统是一个重要原因，"正是对于把批判理论奠基在普遍的社会和经济决定因素而不是民族因素上的强调，使得霍克海默和阿多诺能够针对发动的和法西斯的败坏，为特定的德国文化传统进行辩护"，韦尔默由此得出："批判理论是战后德国能够想象的与法西斯主义彻底决裂，而又不必与德国的文化传统，也就是一个人自身的文化传统类似地彻底决裂的唯一理论立场"。[2]

如前所述，包括施特劳斯的后学在内的一种"流俗"的看法认为现代历史主义作为一种把"是"与"应当"合为一体的尝试是在黑格尔那里达到顶点的。与这种似乎以反对线性进步观的名义重现的线性进步观相对，韦尔默试图把由包括古典希腊的和基督教的伦理学在内的欧洲道德哲学所开启和呈现的问题重新置入在康德、黑格尔和马克思那里的"诘难式发展"。具体来说，就是以"是"与"应当"的区分为出发点，在确立合法性与合道德性的双向分离的视域之后，把伦理学与批判理论的关系放置在规范假设问题与历史视野问题的二元框架中，既要肯定在康德那里

---

[1] 韦尔默：《后形而上学现代性》，上海译文出版社，2007年，第290页。
[2] 同上书，第291页。

得到最彻底和一致的表达的普遍主义伦理学，又要汲取黑格尔把伦理学与政治哲学重新结合在一起的努力中的合理成分，还要将"黑格尔提出的问题，纳入马克思理论的视野内"，[1] 在结合批判理论的发展得到转换的后一种视野中，尤其重要的是伦理学和社会理论的关系以及哲学与社会科学之间的关系。经过这样一番复调性的带有阿多诺式"星丛"指向的理论穿梭，韦尔默得到的结论在某种程度上呼应了德国观念论研究中对线性进步论的拒斥："这三种立场之间的关系不可能按照从康德开始，经过黑格尔到马克思的明确进步的方式被重构。毋宁说，自然权利问题上的这三种立场的批判潜能只有当我们让它们相互作用时才能充分实现。"[2]

　　哈贝马斯在他的九十寿辰演讲中曾经调侃包括自己在内的当代德国哲学家就是在康德、黑格尔与马克思之间"兜圈子"，[3] 以施特劳斯对历史主义和实证主义的批判为焦点的现代性批判虽然把目光投注到比现代性的捍卫者更为远古的时代和文本，但是他们其实也远未"兜出"哈贝马斯所说的"圈子"。皮平曾援引《反自由主义剖析》的作者霍尔姆斯所谓施特劳斯的"真正敌人是康德，他有意在文章中回避他"并赞同这种观察。事实上，皮平的一个主要工作，或者说其工作的一个重要意义恰恰在于试图表明，"施特劳斯对于第二次浪潮（即第一次危机）的诠释误解并低估了受卢梭影响的德国思想家特别是康德、费希特、黑格尔等唯心主义

---

[1] 韦尔默：《后形而上学现代性》，第 3 页。

[2] 同上书，第 60 页。

[3] 哈贝马斯：《再谈道德与伦理生活的关系》，译载于《哲学分析》，2020 年第 1 期。

者所表达的另一种可能性"。[1] 皮平所言肯定未必能够证明费里和雷诺所做的就是正确的，但是它至少能够局部地解释后阿隆的政治哲学家在哈贝马斯那里找到的亲和性。

有意思的是，最初发端于美学，后来波及自然科学、伦理学和政治领域，最后在哲学中集大成的古今之争在当今又有重新回到历史学这个题中应有之学的迹象和趋势。例如，在历史主义和历史意识的层面上，对于前面指出过的费里所谓施特劳斯在希腊人本主义的"尚未"（not yet）与现代理性主义历史哲学的"进步"（progress）之间的裂隙中的"乘虚而入"，以及皮平所谓对古今之争的重新刻画所引起的基督教与现代性之关系的难题，一个颇有启发的回应是由法国历史学家阿赫托戈所提出的，他试图用一种所谓当下主义的"历史性的体制"，来解决西方历史文化中根深蒂固的"已然"和"尚未"之间的紧张，"当人们与古人发生了彻底的决裂，来到进步的时代，来到历史加速发展的时代，在过去的基础上，'革新'已经失去了其带动的作用。因为从今往后，最为重要的事情，是尚未发生的事情"。[2] 阿赫托戈以此为基础广泛而深入地论述了"已然"与"尚未"、"复古"与"革新"之间的内在关系，从而为我们进一步思考和处理古今之争的问题，甚至是古今中西之争的问题提供了另一种理论视域和资源。

---

[1] 皮平：《施特劳斯的现代世界》，译载于刘小枫编：《施特劳斯与古典政治哲学》，上海三联书店，2002年，此处引见第334页注和305页。

[2] 阿赫托戈：《出发去希腊》，中信出版社，2020年，第232页。

十　古今中西之争的哲学求解

——论一个哲学传统的养成

如果从冯契先生 1985 年发表《古今、中西之争与中国近代哲学革命》[1]开始算起，那么最终在《中国近代哲学的革命进程》[2]中得到确立的古今中西之争的近代哲学史研究范式，其提出迄今（2020 年）已整整三十五年了。如今回望，古今中西之争已经超出了狭义的中国近代哲学史研究范式，成为我们观察整个近代以来中西政治、社会、文化论证的核心范式，而其作为一种解释框架的辐射力和规范力量已经使得我们可以从中凝练和养成一个独具特色的哲学研究传统。

在近代中国的视域中，旨在回答"中国往何处去"的古今中西之争问题本来是一个有待从哲学角度加以审视和反思、重构和建构的问题，但是经过近三十余年的发展——当然也应该包括此前的积累——它本身已经陶养出一个哲学研究的传统，从一个有待解释和解决的问题，到本身成为一种解释框架，从一个对哲学

---

[1] 冯契：《古今、中西之争与中国近代哲学革命》，载《上海社科院学术季刊》，1985 年第 1 期，后收入《智慧的探索》补编，华东师范大学出版社，1998 年。

[2] 冯契：《中国近代哲学的革命进程》，上海人民出版社，1989 年。

提出的问题，到成为一种哲学研究的范式和传统，这更是在我们回顾这个问题和传统的形成过程时必须具有的"问题"意识。

一

在《中国近代哲学的革命进程》之绪论《古今、中西之争与中国近代哲学革命》中，冯契提出，中国向何处去的问题，就表现为政治思想领域的古今中西之争，这个争论又制约着近代哲学的发展。具体来说，近代哲学论争的四大主题，历史观（以及一般发展观）的问题、认识论上的知行问题、逻辑和方法论的问题以及人的自由与如何培养理想人格的问题中，前两个问题之具有优先性就与古今中西之争的突出地位有关。冯契强调，在中国近代哲学的革命进程中，哲学革命成为政治革命的先导之具体含义最终表现为马克思主义与中国革命相结合，正确地解决了古今中西之争，也就是正确地回答了中国向何处去的问题。

如果说《中国古代哲学的逻辑发展》注重从范畴体系揭示古代哲学发展的连续性和成熟性，那么《中国近代哲学的革命进程》则重视从哲学问题的角度阐发近代哲学的断裂性和变革性，这当然是与中国近代社会与古代社会各自的特征有关，但是颇有理论旨趣的是，冯契又强调中国近代哲学是中国传统哲学在近代的合乎逻辑的发展。中国近代哲学在新的历史条件下，在更高的发展阶段上，对传统哲学的四大论争——天人之辩、名实之辩、心物（知行）之辩、理气（道器）之辩——展开了具有近代特色的论争。这些论争与西方近代的哲学有密切的联系，但它们又是合乎逻辑地从中国传统哲学演变出来的。

在这个发展和演变的过程中，冯契特别重视由历史变异观对道器、本末、体用关系的考察进而发展到进化论，再进而发展到唯物史观以及一般的辩证发展观——后者已经大大地超出了原来的道器之辩——的进程，这无疑是在这个范式所提出的那个时代最具有守成创新特点的解释范式，其精神气质上颇为类似于侯外庐先生通过"延长"亚细亚生产方式从而使得历史唯物主义具有了对包括中国社会在内的东方社会之解释力。[1]

居今而言，我们也必须看到，古今中西之争，如果按照冯契先生在《中国近代哲学的革命进程》中所阐发的样态，仍然是有其必须要归诸时代"局限"的固有盲点的。例如，所谓西方自身的古今之辩问题乃是淡出冯先生视野的，这固然既是因为其时西方启蒙传统对于自身的反省尚未达到重新重视古今之争的阶段，也是冯先生基于中国社会的切身需要审时度势的选择。

从更为深入的层面来看，唯物史观对进化论（达尔文和达尔文主义）的扬弃和马克思对黑格尔通过伦理国家扬弃市民社会的再扬弃，也许同样具有需要我们结合当代实际重新加以反思的必要性和可能性。至少，纯粹从描述的意义上说，从唯物史观迁回到道器体用（天道性命）之辩无疑与当代学术潮流中从马克思迁回到康德和黑格尔具有高度同构性。或者用哈贝马斯的话来说，

---

[1]　参见侯外庐：《韧的追求》，生活·读书·新知三联书店，1985 年。

这也同样是在康德、黑格尔与马克思之间"兜圈子"。[1]

从解决古今中西的哲学资源来看，冯契虽然高度重视中国固有的辩证思维传统，但是在解决中国近代最为尖锐的哲学问题的过程中，受制于上述"局限"，他仍然倾向于低估中国传统哲学中最具特色的体用范畴的解释和规范力量。我们注意到，这一点在他的学生杨国荣那里得到了某种程度上的克服。

在《体用之辩与古今中西之争》[2]这篇为纪念严复而作之文中，杨国荣在考察了与有无本末联系在一起的古代体用范畴和与中西古今联系在一起的近代体用范畴之后，集中讨论体用之辩和古今中西之辩所涉及的三重关系——体用、中西、古今，并依次考察中体西用论、西体中用论和中体中用西体西用论。他尤其指出，严复批评中体西用包含着体用分离，错失了体用范畴的哲学潜能。杨国荣指出，严复之论容易引向中西文化的分离，错失前两论之所见，取消了中西文化之间的交融互动问题。

杨国荣肯定体用范畴为理解和解释中西文化之间的关系以及传统与现代之间的关系提供了一种哲学的概念，但是从体用范畴解释古今中西关系，本身包含两重可能趋向：要么基于体用不二，肯定中西古今之间的内在关联，要么从主从的角度定位以上关系，也就是要么把中西理解为本末，要么把古今理解为本末，加之双体用论的分离趋向，凸显了以体用范畴解决古今中西之争的理论限度。

---

[1] 哈贝马斯:《再谈道德与伦理生活的关系》,译文载《哲学分析》,2020 年第 1 期。
[2] 杨国荣:《体用之辩与古今中西之争》,译文载《哲学研究》,2014 年第 2 期。

如果说冯契的古今中西论试图把体用范畴从中体西用论的历史沉淀和价值包袱中解脱出来，但又受制于启蒙（包括"五四"）以来对近代性的片面理解和对唯物史观之具有时代局限的理解，从而桎梏了体用范畴尤其是体用不二的辩证思维传统本身的规范潜能，那么杨国荣虽然一开始就立足于哲学和形而上学层面处理和对待体用之辩，但却依然受制于传统体用范畴本身的语义规定和语用效力，仍然没能够把体用范畴的规范潜能充分发挥出来。

高瑞泉则试图在冯契那种更为哲学化的中国近代哲学史研究范式和其本人同时代的、更为人文化乃至文人化的研究策略之间走出一条独立的道路。"动力"和"秩序"范式与冯契从古今中西之争的角度对近代哲学革命的书写范式之间的关联是最为引人注目的。如果说哲学革命成为政治革命的先导在中国近代哲学中表现为历史观和知行问题的优先性，那么中国文化现代性的探寻则同时呈现出"动力"和"秩序"两个维度，从而使这种双元视域成为从"古今中西"范式下脱颖而出的观念史研究的题中应有之义。[1]

不过，"动力"和"秩序"范式在思想史和观念史研究上带来的增量未必能够直接转化为对于古今中西之争的哲学推进和求解。这是因为"动力"和"秩序"同时作为漂浮的能指和滑动的所指，本身似乎不足以把捉、锚定并延展出一片既具有收敛性又具有生发性的意义场域。

---

[1] 高瑞泉：《动力与秩序：中国哲学的现代追寻与转向（1895—1995）》，广西师范大学出版社，2019 年。

冯契的另一位学生童世骏在《中国现代化过程中的体用范畴》[1]一文中试图把作为中国传统辩证思维最集中代表的体用范畴与哈贝马斯的生活世界与系统之辩中所包含的哲学资源结合起来，为解释中国的现代化进程提供了可贵的增量。这里的重点在于，在指出不仅在本体论和认识论上强调体用对待、体用相依，而且在社会政治实践上强调体用结合之后，童世骏分别从道体器用和器体道用的观点，讨论了对中国现代化过程的两种不同诠释：一是作为学习过程的，基于由用以得体的进路；二是作为进化过程的，器变道亦变的进路。采用哈贝马斯的术语，前者是参与者的角度，后者是观察者的角度，这两个角度应该互补，因为社会现象的特点是只有同时用参与者和观察者的角度才能把握的，而社会的现代化过程本身也具有其逻辑的和动力学的双重向度：逻辑涉及的是体用之间的意义关系，动力学涉及的是体用之间的因果关系。

与以往关于中西体用的讨论相比，这种解释范式的一个显著的增量乃是，使用道体器用和器体道用的观点来理解价值与工具之间的体用关系，并探讨了把两种思路结合在一起的诸种可能性：对于牟宗三为老内圣开出新外王而提出的理性的运用表现和架构表现论，童世骏给予最大程度的同情的了解，肯定这种通过体用范畴寻找价值合理性与工具合理性、传统与现代性之间的内在联系的努力十分可贵；对于西体中用论，其缺点则在于谈论现代性

---

[1] 童世骏：《中国现代化过程中的体用范畴》，载《现代化进程中的中国人文学科：哲学卷》，上海人民出版社，2005年。

与中国传统之结合时，没有对选择要加以结合之成分的标准做进一步论证，有点儿类似于哈贝马斯笔下的早期法兰克福学派，其思想缺少一个规范基础。重点在于要看到，在熊十力和牟宗三把体用范畴作为哲学的核心时，关键在于这里所谓体不再仅仅是一种特殊的价值，而成了有普遍意义甚至超越意义的东西，而这样理解的体用关系也就把价值与工具之间的外在关系变成了内在关系。按照这样理解的体用关系，在中西体用这个架构中的中西乃成为从属的关系，换言之，只要处理好了体用关系，中西问题也就迎刃而解了。

二

从西方学术的语境来看，重新提出古今之争问题，结果是在哲学上呈现为调和康德与亚里士多德的问题，在某种程度上，这个问题可谓 20 世纪后半叶西方哲学的总问题。

必须指出，所谓调和康德与亚里士多德，有小的调和和大的调和。所谓小的调和，是指在坚守各自系统的前提下，尽可能扩展自身框架的解释力，从而容纳另一个系统的基本诉求。例如立足亚里士多德调和康德或立足康德包容亚里士多德，把亚里士多德"现代化"或者从康德那里发展出所谓德性伦理学就是这种小的调和方式。甚至当代西方蔚为壮观的实践理性论说，都基本上未能超出这种调和方式的规范力量范围。

之所以如此的一个重要原因当然在于，古与今之间固化的对立本身使得人们倾向于无视亚里士多德与康德之间固有的同构性，例如亚里士多德在理论、实践与制作之间的三分法与康德在知识、道德、审美之间的三分法之间的对应性。只不过古代哲学与近代哲学之间的鸿沟使得人们无法站在一个超越于这两者之外和之上的立场来进行康德与亚里士多德之间的一种大的调和。而之所以说这种调和能够在 20 世纪后半叶取得重大进展，就是因为在哲学根基上取得了重大突破。

怎样从更广泛的语境和更深入的程度上阐明这种哲学范式的转移，是一个重大而复杂的课题。这里先尝试从阿伦特的康德解读入手，阐明其所引致的判断范式的复兴和判断力批判研究热潮实际上导向了从制作和审美（判断）的角度理解人类活动、机能和理性的统一性的努力，从而为在亚里士多德与康德之间实施大的调和奠定了一块重要的基石。[1]

但是，正如韦尔默指出的，虽然阿伦特有见于康德道德哲学的独白色彩，转而从判断概念入手，理解知、情、意三者的统一性，但是她仍然固守理论和实践的传统区分，并坚持科学的真理观和形式化的理性概念，从而使她无法在揭示康德的未成文的政治哲学时从他的实践哲学内部开刀，也无法用反思判断的观念去揭示康德的实践理性观念的被抑制的对话维度，而只满足于把道德和政治判断同化到审美判断之中。[2]

---

[1] 参见应奇：《政治的审美化与自由的绝境》，载《哲学研究》，2003 年第 4 期。

[2] 参见韦尔默：《汉娜·阿伦特论判断：未成文的理性学说》，译文载《后形而上学现代性》，应奇、罗亚玲译，上海译文出版社，2007 年。

正是有鉴于此，韦尔默在《主体间性与理性》[1]一文中试图发展出一种基于主体间范式的理性统一性论说。

韦尔默从康德在《判断力批判》第四十一节中提出的"一般人类知性"的三条准则（1. 自己思维；2. 从每个别人的立场上思维；3. 任何时候都与自己一致的思维）开始，运用维特根斯坦和后维特根斯坦的哲学资源，提供了对于他所谓康德的规范理性观的一种理解。韦尔默认为第一条，也就是自主性思维准则的规范内涵最为明显但同时也是最难解释的。于是韦尔默就将其假定为"所有理性存在物的内在自主性的一种正当表达，从根本上说，对这种自主性的关切与启蒙运动有不解之缘"；[2]至于第三条也就是思维的一致性准则，康德曾经说这条准则是最难实行的，韦尔默认为他最终能够理解康德所说的是对的，这是因为"这条准则关注的是合理性问题，后者是与当今所谓个人认同问题，也就是我们怎样才能肯定地把我们的整个生活联系在一起的问题有关的"。[3]

尽管如此，似乎是秉承阿伦特的影响，韦尔默在《主体间性与理性》中集中探讨的是第二条准则，也就是所谓"扩展的思维方式"（enlarged way of thinking）或"扩展的精神"（enlarged mind）。韦尔默指出，第二条准则就是"'反思判断'的准则，其功能是保证我们思想的主体间有效性，把这种有效性保持在'共通感'（sensus communis）的界限之内"。[4]

---

[1] 韦尔默：《主体间性与理性》，译文载《后形而上学现代性》。

[2] 同上书，第97页。

[3] 同上书。

[4] 同上书，第98页。

　　鉴于反思判断在康德哲学中只表现出它的先验的作用，于是，为了克服其先验唯我论，韦尔默主要借用维特根斯坦和克里普克对维特根斯坦的解释所提议的方式，来克服康德通过形式条件来保证理论或道德判断的主体间有效性的哲学努力中固有的独白倾向。韦尔默相信，这个工作的哲学效能将最终使我们把一开始让渡给罗蒂和他的哲学同党的合理性概念重新寻回，并"在罗蒂的欢快有时候是轻佻的怀疑主义和阿佩尔与哈贝马斯的基础主义倾向之间开辟一条中间道路"。[1]

　　在《主体间性与理性》一开篇提出重新理解康德所谓规范的理性观这个任务时，韦尔默就指出，"一般人类知性"的三条准则"表达了理性思维的最基本标准，而且由于思想与行动的内在联系，它们也表达了一般理性行为的最普遍标准"，[2]在经过维特根斯坦和后维特根斯坦的哲学转换之后，韦尔默现在认为，一般人类知性的三条准则的内在联系变得明显了。在此基础上，韦尔默回到哈贝马斯和阿佩尔的交往和对话理论语境中，重新在真理共识论基础上理解诸种有效性要求之间的内在关联。这里的关键在于要把哈贝马斯意义上的真理共识论"理解成对真理、理性和主体间性之间的关系的一种非标准的、可错论的解释"，[3]韦尔默承认，他"对于康德的第二条准则的解释实际上就是由对共识理论的这种非基础主义的理解所激发的"，[4]而这种解释最终是为了表明合理

---

[1]《后形而上学现代性》，第 133 页。

[2] 同上书，第 96 页。

[3] 同上书，第 133 页。

[4] 同上书。

性的不同维度是理性的同一种能力的相互联系的表现。

人类知性的三条准则与康德在知识、道德与审美之间的三分法固然没有直接的对应性，但是通过韦尔默的重构，我们能够从中辨认出这三条准则与阿伦特对思想、意志与判断的界定之间的联系。在某种程度上，韦尔默的最终解释框架已经重置了三者之间的关系，而第二条准则在其间发挥了中介性的和关键性的作用。

我们注意到，郁振华近年关于重置古典三项的哲学思考与韦尔默在阿伦特的康德解读基础上对康德所谓人类知性的三条准则之间关系的"重置"似有异曲同工之妙。诚然，郁振华是一位知识论学者，他的重置古典三项的工作起点是通过对杜威《确定性的寻求》的解读展开的。在郁振华看来，作为沉思传统的奠基人，亚里士多德哲学在古典三项之间建立起了等级秩序，而以杜威为代表的实验探究的认识论超克了亚氏方案，其立足于实验探究来解说知识和价值的进路，蕴含了一种重置古典三项的独特进路。按照郁振华的解读，杜威方案的关键在于，将沉思传统中被鄙视的制作技艺加以提升转化为受控实验，并赋予它一种基础地位，由此来回答知识如何可能和价值如何可能的问题。要言之，实践探究的认识论暗示了一种立足于制作技艺来解说理论认识和实践审慎的思路。

郁振华的理论雄心进一步体现在继《沉思传统与实践转向》[1]后发表的《超克沉思传统：基础存在论方案之考察》[2]一文中。此

---

[1] 郁振华：《沉思传统与实践转向》，载《哲学研究》，2017 年第 7 期。

[2] 郁振华：《超克沉思传统》，载《学术月刊》，2018 年第 11 期

文通过考察海德格尔对沉思传统的存在论重构以及后来者对其重置古典三项的两种解读策略，把海德格尔哲学置入实践哲学复兴与实用主义转向两大语境。这种将海德格尔哲学效应间距化的理论策略无疑既透显了走出海德格尔哲学的努力，也彰显了将离散化后的海德格尔哲学资源用于措置古今中西之争的可能性。

三

在某种程度上说，在当下的汉语哲学语境中，古今中西之争的哲学求解这一传统的另一脉络来自对牟宗三哲学的解读。在这方面，至少就汉语简体字写作而言，谢遐龄不但是一位创榛辟莽的先行者，而且其旺盛活跃的哲思始终引领着这个"大道多歧"的解读路径。

长期以来，牟宗三哲学是谢遐龄哲学运思的一个重要参考系，这本身并不足为奇，用陈荣灼的话来说，"从历史的角度来说，《现象与物自身》可能是20世纪中国哲学最具重要性的作品"。[1]不过，在其博士论文《康德对本体论的扬弃》一著中，牟宗三哲学仍然是一个潜在的理论背景。不管基于何种原因，牟宗三并未出现在此著的征引系列中，但是如果我们留意作为其运思枢轴的物自身概念辨析，牟宗三哲学的悠长影子就豁然"朗现"出来了。

在 1989 年发表的《砍去自然神论头颅的大刀：康德的〈纯粹

---

[1] 陈荣灼：《牟宗三对康德哲学的转化》，译文载《康德与中国哲学智慧》，中国人民大学出版社，2009 年。

理性批判〉》[1]一书中，谢遐龄第一次明确地提到牟宗三，牟氏得到了极高的尊崇，例如被称为"当代的大权威"，"享誉世界的中国哲学家"。但又批评牟宗三"局限于讲人，局限于讲义务，没有讲法权、讲对物的占有，缺了后一个方面，Typus 的意义是讲不完全的，也很难让人理解……他是在中国的传统思想中考虑问题，而中国的所有权不发达，传统思想中缺少对意会体的法权意义的探讨"。又如："当代新儒家著名代表人物之一牟宗三，尽管对自由学说作了许多重要推进，由于未区分物自体之两义，难免功亏一篑。"从其表面所指辨析，这些议论可以看作是在回应牟宗三的所谓"开出论"，但其理论旨趣却仍然是围绕着早先提出的对物自身学说的重新梳理而展开的。这可以看作是谢遐龄解读牟宗三哲学的第一个阶段。

最近十数年来，谢遐龄逐渐开始不满于牟宗三从实践理性"建立"中国哲学（儒学）和会通中西的思路，而提出从直感判断力诠释儒学，并从这里给出对物自体的新解。这些工作主要见之于《格义、反向格义中的是是非非：兼论气本论不是唯物主义》和《直感判断力：理解儒学的心之能力》两文中。其精义在于通过批评牟宗三对孟子"理义之悦我心，犹刍豢之悦我口"之"误读"，援引伽达默尔对判断力和共通感之发挥，得出："在中国哲学研究中，研究道德哲学，主要不是依据实践理性，而是须依据

---

[1] 谢遐龄：《砍去自然神论头颅的大刀》，云南人民出版社，1989 年，以下两处引文皆出自该处。

直感判断力。"[1] 又说："牟先生拘于康德道德与纯粹实践理性相关之成说，加之是时忽视《判断力批判》，未能跳出一步看问题，在思路上犯了方向性错误，以致他的正确洞见未能得出更有价值的学说。"[2] 还由此进一步发挥，批评牟宗三的智的直觉说，并对其关于物自身学说的解读给出了"最终定论"。

至少在目下所谓哲学原创工作"纷至沓来"之前，以上凡此所论种种，不但精细入微，极富理趣，而且深具创发力，启人神智。不但"响应"了晚近世界范围内的康德"第三批判"研究热潮，"暗合"无论欧陆还是英美哲学中都蔚为潮流的判断范式，更可与牟宗三先生之讲友已故黄振华教授关于"'反省判断力'是康德哲学中的'自性清净心'"之论相比观；更与受其影响和沾溉之新进学人所提出的立足于亚里士多德而非立足于康德以会通中西的主张相互"呼应"。[3]

平实而论，谢遐龄对牟宗三哲学的释读及其发挥涉及中西哲学一系列极为深邃曲折的问题，仅就学术史而言，在中学中最相关涉的是如何理解所谓"气学"或"气论"，例如如何重新理解船山哲学之作为中国古代哲学的"总结"；在西学方面最为相关的则是如何重新理解海德格尔对新康德主义的哲学革命，以及战后德

---

[1] 谢遐龄：《直感判断力：理解儒学的心之能力》，载《复旦学报》，2007 年第 5 期。

[2] 同上文。

[3] 参见黄振华：《论中国哲学与文化》，李明辉编，待刊；丁耘：《哲学在中国思想中重新开始的可能性》，载《中国社会科学》，2013 年第 4 期。

法思潮中走出海德格尔哲学的努力。[1]

　　凡此均要求我们在中西哲学的脉络中重新理解牟宗三的"实践理性充其极论"。自来谈论牟宗三哲学，最常见的"标签"就是"良知的自我坎陷"。当所着重者在"机制"时，往往被简称为"坎陷论"；而当所着重者在"结果"时，则被形象地称作"开出论"。其他如（宋明理学）"三系论""智的直觉论"和"圆善论"则都围绕着"晚年定论"《现象与物自身》而"展开"。但是，从牟宗三哲学的发展形成及其效果历史的角度，以"实践理性充其极论"来探究牟宗三哲学的宗旨和理趣，似乎更具创发力。例如，匹兹堡哲学家（我曾在某处拟之为"匹兹堡的牟宗三"）麦克道威尔所倡导的那种自然复魅论恰恰是基于一种"实践理性充其极论"而得出的。但是，"实践理性"仍然是一个西方哲学的词语，用儒家传统哲学的词汇库表达，"实践理性充其极论"的哲学内涵就是成己以成物，成物以成己，不离成己言成物，不离成物言成己。这个"己"不是西方哲学中的"主体""自我"，这个"物"也不是主客二分意义上的"对象""客体"。这样来看，强调不舍成己言成物与不舍成物言成己就具有对等甚至同等的意义，因为这个意义场域本身正由这种"不舍"和"不离"所构成。

　　就此而言，《成己与成物》的作者杨国荣教授在《人类行动与实践智慧》中的这番话仍然值得引用：

---

[1] 后一方面可以参朱尔·维耶曼：《康德的遗产与哥白尼式革命：费希特、柯恩、海德格尔》，中国人民大学出版社，2020 年。

实践不仅成就人自身，而且也成就世界。事实上，实践在广义上便表现为成就人自身与成就世界的过程。以这一视域中的实践为指向，实践理性构成了成就人自身与成就世界所以可能的条件，其意义也具体地展现于这一过程。[1]

而阿伦特和韦尔默曾经引用过的康德给友人赫兹信中这番话更是值得我们深长思之：

你知道，我不会只出于反驳的动机去对待合理的反对意见，相反，在仔细考虑这些反对意见时，我常常把它们纳入我的判断中，并允许它们推翻所有我最珍视的信念。我抱有这样的希望，通过这样从其他人的立场公正地看待我的判断，可以得到将会改进我以前的见解的第三种意见。[2]

2018 年 11 月 10 日凌晨，初稿于闵行公寓

2021 年 3 月 2 日午前，草改于千岛新城寓所

---

[1] 杨国荣：《人类行动与实践智慧》，生活·读书·新知三联书店，2013 年，第 193 页。

[2]《康德书信百封》，李秋零译，上海人民出版社，1992 年，第 29 页，译文有改动。

未尽之缘

——我的罗尔斯之旅（代跋）

应奇

度过了长假中一个悠长的春日，晚上看到朋友圈内几乎刷屏的节奏，才恍然想起今天是约翰·罗尔斯百岁诞辰。最初的反应似与一个政治哲学"资深"从业者颇不相称，似乎罗尔斯于我已是相当遥远的传说和旧梦了，但是其实，至少直到今天为止，罗尔斯仍是我挥之难去的影子。

我最初得识罗尔斯和他的《正义论》，缘于在杭州解放路新华书店邂逅《正义论》最早的中译本，那是当年颇有影响的"外国伦理学名著译丛"的一种，忘记准确的月和日了，应该是1988年大学毕业前夕回到杭州的那一次，虽然我之前从未听说过罗尔斯的大名，但那个译本简洁而凝重的质感似乎一下子就抓住了我。我那时当然不会想到，自己会把人生中最宝贵的二十多年的光阴献给与罗尔斯难分难解的中文政治哲学事业，以至于几乎无法想象，离开了这二十余年的"迹"与"所以迹"，我的人生规划和职业生涯会是一个什么样子。

　　有些冥冥之中意味的是，虽然大学时代对中哲、西哲甚至马哲都产生过泛泛的兴趣，但是当我 1990 年秋天来到淮海中路 622 弄 7 号随范明生先生攻读硕士学位时，我却想起了是否能把罗尔斯的正义论作为我硕士论文的选题，虽然这是在我以胡塞尔现象学为选题的设想——须知那是一个 3H（黑格尔、胡塞尔、海德格尔，这三位姓氏的第一个字母都是 H）流行的时代——被自己的导师否定之后"退而求其次"的方案，而这两个方案最初的动因竟都是自己的导师在全身心地投入柏拉图与希腊哲学研究之前或之后，曾有一段时间投身现象学和《正义论》的研究。

　　记得当年复旦哲学系主笔的风靡一时的《现代西方哲学》初版中有关现象学的章节就是范老师撰写的，他也曾经译介过美国现象学家马文·法伯的著述；对罗尔斯及其《正义论》的译介——这应该是中文世界同类工作中最早的——则是范师在武汉大学美国哲学研究室时期的工作。这都是 70 年代末到 80 年代初的事儿。而事实上，我就是在一次于图书馆翻阅《当代美国资产阶级哲学资料》见到范老师对罗尔斯的译介后才"死灰复燃"，既惴惴不安又颇有信心地向自己的导师提出那个选题设想的。时至今日，我依然记得现象学的选题被否定的"理由"：胡塞尔的《逻辑研究》我读了半天没有读懂；但我确实记不得范老师为什么不同意我以罗尔斯作为自己的论文选题方向了，或者当时就只是不同意，而没有提出理由——一种很不符合罗尔斯精神的做派！我现在大胆地揣测，如果说范老师否定前一个选题的理由是智性上的——我还读不懂，你会读得懂吗？那么他之不同意后一个选题或许是基

于"政治"的考量：虽然有一次课上他明确说，罗尔斯受马克思
影响甚深，这只要看看他对《哥达纲领批判》的引证就一目了
然了。

世事难料，在我离开社科院到杭州大学攻读博士学位期间，
我的"罗尔斯梦"却得到了一个意外的"实现"途径。其时，已
执教于杭大哲学系的杨大春师兄正在为台湾的生智出版社策划一
个"当代大师"系列。在一次闲聊中得知我对罗尔斯的兴趣后，
大春兄慨然把那个系列中《罗尔斯》一书的写作任务委托给我。
我经过一番努力完成了这项工作，虽然那只是一部拼凑模拟的习
作，例如在相关章节的撰写中，我主要是参考了佩迪特与他的一
位澳洲同事合作的《罗尔斯》一书，以及佩迪特自己在《哲学杂
志》（Journal of Philosophy）上的一篇书评文字。就此而言，《罗尔
斯》这个小册子的练笔与其说是我从事政治哲学的开端，还不如
说是"预示"了它的作者将在某一时刻真正开启其中文政治哲学
的研究工作。

果然，从 1996 年我博士毕业后从教开始，似乎半是兴趣使
然，半是为衣食谋，我把自己的教学和研究重心集中在了西方政
治思想史和当代政治哲学上面。在这个脉络上，同样围绕对罗尔
斯的批判和修正组织起来的《社群主义》一书的写作可谓我进入
当代政治哲学领域的"投名状"。社群主义之于我微末的政治哲学
生涯的重要性，可由 2003 年由生活·读书·新知三联书店出版的
《从自由主义到后自由主义》一书见出。在这本单薄的撰作中，社
群主义对自由主义的批判及其后续效应乃是贯穿全帙的一条主线。

无论是我对自由主义传统和谱系的铺陈，还是对于两种自由分合之检讨，对哈贝马斯与罗尔斯之争的清理，以至于对文化多元主义政治的追踪，还是对于竞争的自由主义和竞争的多元主义的探讨，乃至于对政治理论史三种研究范式的解读与定位，都是在这一线索上展开的。甚至在我从事当代政治哲学译介的阶段，无论翻译金里卡还是韦尔默，更不要说对于共和主义的系统译介，还有后来应约集两岸学者之力编纂《当代政治哲学名著导读》，都是对此前未竟的问题意识和探究路径的追补和延展。

但是说来惭愧的是，我的当代政治哲学之旅却充其量只是围绕着罗尔斯及其影响而展开，却并不是关于罗尔斯的。事实上，无论对于《正义论》还是《政治自由主义》，认真说来我都并不具备专家之资质。正如我有一次调侃自己并未研究哈贝马斯，而是把相关的哈贝马斯研究运用到我对当代政治哲学的"解读"中。我与罗尔斯政治哲学的关系，如果不说更为外在，至少也是同等外在，外在的"证据"约有以下数端：

一是直到2007年春天我在台湾访学时，某次偶逛台大附近的一家教材铺子，见书架上堆放着几十册罗尔斯的《正义论》英文修订重印本，就把书取下翻看了起来，店主见状后以一种我平生仅见的慷慨对我说：这书很多，你要的话就送一册给你好了！不瞒诸位，这是我继20世纪90年代初在上海社科院图书馆借而未阅绿皮书（所谓"绿魔"）后，第一次见到原版的《正义论》。

二是同年秋天，我在普林斯顿访学时旅行到波士顿，在城里的一家旧书店第一次得到了一册绿皮书。不过那一次与罗尔斯的最亲密"接触"，应该是在友人的推荐下，在哈佛附近的一家旧书店，见到一堆罗尔斯生前用过的书，并在他仔细阅读过的一本逻辑学著作中，发现了一个亲笔添加的修改符号。

三是21世纪某一年在北京开会，我提交了一份题为"迈向后罗尔斯时代的政治哲学"的讲演提纲，在我大而化之地做完我的空疏报告后，主持我所在单元的一位国内顶尖的罗尔斯专家调侃道：刚才应奇教授高屋建瓴地向我们指出了政治哲学的未来发展方向！

毫无疑问，这一番调侃其实是令人汗颜的，不过，容我大胆地说，不管我对于"罗尔斯产业"本身的介入程度如何，"后罗尔斯时代的政治哲学"确实是我念兹在兹的工作方向，而且能够恰当地涵盖自己近二十多年时断时续，但仍然不断充实的作业范围。

最近一年多来，我着意对自己《从自由主义到后自由主义》以来的政治哲学生涯作一小结，甚至试图出一部小的论文集，以此为标志告别自己的这个已经有些漫长却又效率极低的工作阶段。在拟收入这个集子的我已经和即将完成的十篇论文中，当年作为《社群主义》之一章的《启蒙谋划的失败与市民社会的超越》一文是探讨麦金太尔政治哲学的，我把它作为自己的政治哲学生涯的起点——有趣的是，这一点还是在一次通话中经过现已在川大任教的杨顺利小友的提醒才想起来的；《迈向法治和商议的共和国》是我应刘训练之约，为佩迪特《共和主义》中译本撰写的导读性序言，虽然仍嫌"粗疏"，但基本可以代表我的政治哲学生涯中的共和主义阶段；《从伦理生活的民主形式到民主的伦理生活形式》则代表了我"介入"新法兰克福学派译介和研究的收获，其所得或在于以另一种视域透视了当代政治哲学的图谱;《政治的审美化与自由的绝境》和《论第三种自由概念》构成我对当代自由理论探究的中坚部分,它们也比较典型地体现了我的作文方式和智识趣味。

在从去年疫情期间困居岛上时开始的后"五论"的写作中,《再论第三种自由概念》乃是基于晚近出现的对于哈贝马斯-罗尔斯之争的某种重新解读之"刺激"而作,或许我在此文中并未完全回应那种解读模式,但是我要感到庆幸的是,在某种程度上,在经过多年的"沉寂"之后,我的政治哲学之旅的"最后"一次重新出发乃是以此为契机而展开的;《人类尊严、人权谱系学与普遍主义问题》一文的写作并不在最初的规划之内,我希望它一方面能够对我长期以来关注而未曾深入的当代人权理论有所交代和回应,另一方面此文也在某种程度上接续了前文的议题;《自由主义历史与理论三题议》一文同样不在最初计划之内,最早我只是想草就一篇关于整体论个人主义谱系的小文,但是我那种似乎永远只能"大题小做"而无法"小题大做"的习性再一次把我引导到目前这样一个同样有些大而无当的议题,不过我希望此文能够传达我对于自由主义政治哲学长期以来的可谓念兹在兹的理论和实践的关切;《政治、道德与历史之古今变奏》是为 2015 年分别在北京西山和沪上丽娃河畔参加的两次会议而撰写,与会议论文相较,经过了较大的改写和增补,读者可以将此文看作我对长期以来参与和置身其中的中文政治哲学生态的某种"介入";比较巧合的是,在目前的编排中,它刚好接续到了此编的最后一文《古今中西之争的哲学求解》，我希望，此文不但构成了对我以往生涯的某种总结，更重要的，它同样是对未来生涯和规划的某种预示。

仿佛是某种"轮回"，在我近一年中着力完成或酝酿已久或"临时起意"的另外"五论"中，我反而越发感到罗尔斯的工作与我在当代政治哲学脉络中重点关切的问题之高度相关性。罗尔斯的政治哲学当然是在古今之争的自觉意识下展开的，正当优先于善就体现了罗尔斯在古今之争上的根本立场，但是从《政治自由主义》导论提供的叙事看，"罗尔斯的谱系所展示的不是两阶段的历史（古代和现代），而是三阶段的历史（公民宗教、前宗教改革时期和后宗教改革时期，其中自由主义是对第二阶段和第三阶段的冲突的回应）"（罗纳德·贝纳语）。罗尔斯此论无疑为我们探究后罗尔斯时代的古今之争问题提供了重要视域。这时候我想到，在"五论"所涉及的所有问题上，如果我在已经逝去的岁月中对罗尔斯的哲学花过多些的功夫，我的所论大概会更有进阶吧？！我似乎不能说自己不是非常能够确定这一点，除非我只是为了以此替自己过往之不思进取稍作辩白从而宽缓自己，但是毕竟往者已矣，而未来的工作计划同样因为过去的耽搁而不容再行迁延，那么，就让我的罗尔斯之旅，或假罗尔斯之名展开之旅（"乘着罗尔斯的翅膀"）就驻停在罗尔斯百岁诞辰这一刻，并容我引用一句与眼前诸端似不甚相干的话以告别过去，并为来者之鉴：

只是因为绝望，希望才被给予我们！

2021 年 2 月 21 日午夜

2021 年 3 月 2 日午后改定

图书在版编目（CIP）数据

当代政治哲学十论 / 应奇著 . —杭州：浙江大学
出版社，2021.12
　　ISBN 978-7-308-21971-6

　　Ⅰ . ①当… Ⅱ . ①应… Ⅲ . ①政治哲学—研究 Ⅳ .
① D0-02

　　中国版本图书馆 CIP 数据核字（2021）第 227692 号

当代政治哲学十论

应　奇 著

责任编辑	伏健强
责任校对	黄梦瑶
装帧设计	祁晓茵
出版发行	浙江大学出版社
	（杭州天目山路 148 号　邮政编码 310007）
	（网址：http://www.zjupress.com）
排　　版	北京楠竹文化发展有限公司
印　　刷	河北华商印刷有限公司
开　　本	635mm×965mm　　1/16
印　　张	14
字　　数	135 千
版 印 次	2021 年 12 月第 1 版　　2021 年 12 月第 1 次印刷
书　　号	ISBN 978–7–308–21971–6
定　　价	69.00 元